CONFORTA MI ALMA

«David Barceló hace un trabajo excepcional al guiarnos hacia las verdades profundas de este pasaje, hasta que experimentemos personalmente el abrazo tierno y el cuidado amoroso del Buen Pastor. Si alguna vez has sentido temor, incertidumbre o soledad, este libro te llevará a reencontrarte con Aquel que restaura tu alma y asegura tu camino».

Sugel Michelén, pastor en la *IBSJ*,
Santo Domingo, República Dominicana

«El Señor es nuestro Pastor que nos guía y nos conduce hasta el final del camino, a Su hogar eterno. En "Conforta mi alma", David Barceló quiere que recibamos el consuelo de este salmo para cada ocasión. Barceló ha escrito un devocional alentador».

Juan R. Sánchez, pastor principal
de *High Pointe Baptist Church*, Austin, Texas

«David Barceló nos guía hacia las aguas refrescantes del Salmo 23, invitándonos a encontrar la paz y la protección que solo se experimentan bajo el cuidado del Gran Pastor de nuestras almas. Esta obra es una herramienta invaluable para el crecimiento espiritual personal y un recurso esencial para quienes ministran en el ámbito de la consejería bíblica».

Luis Méndez, pastor en la *Iglesia Gracia sobre Gracia*, Florida

«Este es un libro que contiene hermosos principios basados en la Palabra de nuestro Señor. Es una lectura altamente curativa que nos guía a crecer en confianza y dependencia de nuestro Dios».

Javier Bello, pastor en la *Iglesia Reformada Sola Gratia*,
Asunción, Paraguay

«Te animo a dejarte abrazar por la dulzura de este libro. A medida que avances en la lectura de estos devocionales agradecerás o desearás ser "parte del rebaño". David Barceló consigue con su estilo ilustrativo y cercano llevarnos a profundizar en promesas que han sido de gran consuelo para los creyentes de todas las épocas».

Alfonso Ramírez, pastor en la *Iglesia Bautista Reformada*,
Palma de Mallorca, España

CONFORTA MI ALMA

31 DÍAS DE ALIENTO SIGUIENDO AL BUEN PASTOR

DAVID BARCELÓ

Conforta mi alma: 31 días de aliento siguiendo al Buen Pastor

B&H Publishing Group
Brentwood TN, 37027

Diseño de portada: James Hall

Clasificación decimal Dewey: 223.2
Clasifíquese: BIBLIA. A.T. SALMOS 23 \ VIDA CRISTIANA\ ESPERANZA

ISBN: 978-1-0877-5600-4

Impreso en EE. UU.
1 2 3 4 5 * 28 27 26 25

A mis padres,
Josep y Margarita
cuyas vidas han sido cada día
guiadas y unidas por esta melodía.

Es Jehová Dios mi Pastor atento;
nada me faltará en ningún momento.
Me hará yacer en los lugares vastos
en donde abundan delicados pastos.
Junto a las aguas mansas en corriente
me pastorea con Su voz potente.

A mi alma Él dará Su fortaleza;
y por Su amor con gran delicadeza
Él me guiará por sendas de justicia.
Aunque ande en valle de sombra de muerte
no temeré ningún mal, que a mi lado
me alentarán tu vara y tu cayado.

Pones mi mesa llena de sabores
en la presencia de mis opresores.
Unges tú mi cabeza con aceite:
mi copa se derrama de deleite.
Misericordia y bien vendrán conmigo
y moraré de Jehová al abrigo.[1]

---

1. Salmo 23 en el *Libro de Alabanzas*, 2ª edición aumentada (Rijswijk: Feliré, 1982). Este salmo se encuentra dentro de la colección de salmos recopilados en 1562 como parte del *Salterio de Ginebra*.

Sobre este libro

Estas páginas son un canto a uno de los pasajes más conocidos de las Santas Escrituras. Cuántas veces hemos acudido al Salmo 23 cuando nuestras almas estaban atribuladas, y cuánto refrigerio nos ha dado aun en los momentos más áridos. Sus versos expresan una profunda dependencia del Señor, y es mi oración que al meditar en las verdades que este salmo atesora puedas ver aplicada Su medicina celestial sobre tu persona gustando la paz del Señor en las pruebas que hoy te rodean. Que la verdad afirme tus pasos y enderece tu camino. Que la Palabra de Dios penetre en tu alma confrontándote en tus dudas y confortándote en tu dolor. Quiera el Señor que a través de estas páginas te halles a ti mismo más unido al rebaño, más seguro en el camino y más atento a la voz del Buen Pastor.

Esta obra está compuesta por pequeños capítulos que hacen posible sus múltiples usos. Sin duda, su primera aplicación es como devocional personal. El lector podrá adentrarse en un capítulo cada día durante un mes, alimentando su corazón con las grandes promesas del Salmo 23. En cada sección se incluyen varias preguntas de reflexión personal. Además de usarse como devocional, estas meditaciones pueden servir como guía de estudio para grupos pequeños o como herramienta para la consejería bíblica. En ese caso se asignarán varios capítulos como trabajo previo a cada sesión y los participantes podrán escribir, a modo de diario personal, sus respuestas a las preguntas de aplicación para compartirlas en cada encuentro. El consejero perspicaz podrá intuir de esta manera en qué áreas de la vida de su aconsejado se requiere mayor atención según las reflexiones diarias vayan revelando el contenido del corazón.

Si sirves de algún modo en tu iglesia local, quiera el Señor que encuentres en este libro una herramienta útil para ministrar a otros. Si es tu propio corazón el que desea ser fortalecido o anda en busca de descanso, es mi oración que nuestro Buen Pastor te deje sentir Su cercanía y que Su firme voz conforte tu alma.

Agradecimientos

Mi primer agradecimiento es para mi esposa Elisabet, ayuda idónea, por su paciencia y constante apoyo a lo largo del camino. Sus muchas observaciones han ayudado enormemente a que estas palabras cumplan su cometido.

Gracias a mis hijos Daniel y Abraham, por su generosidad, pues este libro ha requerido mucho tiempo de mi ausencia, y a mi hija Elisabet, que ha enriquecido también estas páginas tras haber meditado en ellas pacientemente.

Gracias a mis queridos amigos José e Inna Vázquez, quienes desde Israel han atendido con paciencia y cariño a mis preguntas sobre las sutilezas del idioma hebreo.

Gracias a los pastores y amigos Sugel Michelén, Juan Sánchez, Luís Méndez, Javier Bello y Alfonso Ramírez, por su disposición a leer estas meditaciones y por sus palabras de ánimo en este proyecto.

Gracias a mis padres, Josep y Margarita, a quienes va dedicada esta obra. Su ejemplo de fe y servicio son para mí y para mis hermanos un modelo de lo que significa seguir la voz del Buen Pastor a cada instante. Damos gracias al Señor por sus 33 años de ministerio y por toda una vida dedicada a apacentar los corderos del Señor. Este libro es un pequeño tributo a sus vidas, sabiendo que este salmo fue un instrumento del cielo para que en su juventud se conocieran y fuera un lema constante en su servicio al Señor.

Gracias a ti, querido lector, por desear adentrarte en este libro, y al Señor Jesús doy gracias por permitirme compartirlo contigo. Estoy seguro de que el Señor te acompañará paso a paso mientras lo lees, así como me acompañó a mí mientras lo escribía. Que a cada instante del camino el Buen Pastor unja tu cabeza con aceite y haga rebosar tu copa de deleite.

Índice

Salmo 23

Salmo de David

[1] Jehová es mi pastor;
nada me faltará.

[2] En lugares de delicados pastos me hará descansar;
Junto a aguas de reposo me pastoreará.

[3] Confortará mi alma;
Me guiará por sendas de justicia
por amor de su nombre.

[4] Aunque ande en valle de sombra de muerte,
no temeré mal alguno,
porque tú estarás conmigo;
Tu vara y tu cayado me infundirán aliento.

[5] Aderezas mesa delante de mí
en presencia de mis angustiadores;
Unges mi cabeza con aceite;
mi copa está rebosando.

[6] Ciertamente el bien y la misericordia
me seguirán todos los días de mi vida,
Y en la casa de Jehová moraré
por largos días.[1]

1. Traducción Reina-Valera 1960.

1

Tú eres mi Pastor

Que el Señor nos dé la gracia para morar en la serenidad de este bendito Salmo.[1]

Charles H. Spurgeon

El libro de los Salmos es un fiel espejo del alma. En sus páginas puedes ver reflejado tu interior sea cual sea la época de la vida en la que estés. Te adentras en la lectura de unos versos, y al momento sientes que sus palabras narran lo que llevas dentro. En cada compás de esta vida hay un salmo para ti. Hay salmos que expresan queja, otros temor, otros tristeza. Hay salmos llenos de gozo, otros son un canto de victoria, otros describen pena. Pero hay un salmo que brilla entre todos los demás por ser un bellísimo canto a la confianza en Jehová. Un salmo que todo creyente guarda en la memoria como un lema, que describe como ningún otro la bondad y el cuidado del Señor.

El Salmo 23 es sin duda el más leído, el más cantado y el más repetido en toda la historia. Creyentes de toda época y cultura han

1. Spurgeon, C. H., *The Treasury of David. Classic Reflections on the Wisdom of the Psalms*, vol. 1 (Peabody: Hendrickson), 357.

encontrado refugio en sus estrofas. Es un poema que los niños han aprendido de memoria, que ha sostenido a muchos ante la perplejidad de la vida, que ha sido un bálsamo de consuelo en los labios de aquellos que parten a la gloria. No es de extrañar que Spurgeon, en su comentario, hable de él como «la perla de los salmos».[2]

En sus hermosos versos se encuentra una de las ilustraciones más bellas de las Escrituras. Una imagen poderosa para expresar la ternura de Dios para contigo y conmigo. La escena *del pastor y su rebaño* describe Su provisión y Su amor, Su protección y Su cuidado. Dios, muchas veces se presenta a sí mismo en la Palabra como el pastor de Sus ovejas, pero este símil aparece por vez primera de forma evidente en los salmos. Después de este salmo la misma imagen se usa en otros lugares, no solo como expresión de la guía y protección de Dios, sino también del cuidado de aquellos hombres que el Señor ha puesto para velar por Su pueblo. En esta vida, el Pastor celestial se sirve de pastores terrenales para que guarden Su rebaño en Su nombre:

> Condujiste a tu pueblo como ovejas
> Por mano de Moisés y de Aarón (Sal. 77:20).

> Obedeced a vuestros pastores, y sujetaos a ellos; porque ellos velan por vuestras almas, como quienes han de dar cuenta (Heb. 13:17).[3]

La iglesia del Señor tiene pastores, que se conducen bajo las órdenes del Pastor de los pastores. Los pastores de carne y hueso no ostentan la autoridad, sino que son subpastores bajo la mirada del Maestro. Son, más bien, como esos perrillos que corren a las órdenes del pastor para recoger al rebaño dentro del redil, o para alejarlo de una amenaza que se avecina o para encaminar los pasos de la oveja que se extravía. El perro pastor, por muy bien que lleve a cabo su labor, no es el pastor en sí mismo. Es tan solo un instrumento en las manos de su amo, y encuentra su mayor gozo en servirle con excelencia.

La expresión que encontramos en nuestro salmo apunta muy alto. Va más allá de los agentes humanos. Es Jehová mismo quien tiene

---

2. Spurgeon, *Treasury*, 353.
3. También Hebreos 13:7.

Su mirada puesta sobre ti. No son tus pastores terrenales quienes te cuidan. Muy por encima de ellos está tu Pastor eterno. Este salmo es una oración cargada de confianza. «Jehová es mi pastor...» contiene tanta bendición que quisiéramos exprimir esta fruta celestial palabra por palabra para sacar de ella todo el jugo espiritual que contiene. Pero la fuerza de esta primera frase es aún mayor si tenemos muy presente quien es su autor. Es el rey David quien está escribiendo. David no es tan solo un fiel creyente. Es uno de los pastores que Dios ha escogido para pastorear a Su pueblo. Además, el rey David fue pastor de ovejas cuando era joven, y el que fuera pastor de un rebaño se encuentra ahora pastoreando un reino.[4] En un sentido espiritual, David ha sido puesto por Dios sobre una gran nación, y es un monarca poderoso que ha vencido a muchos otros. Este es el hombre que escribe estos versos. Es el rey-pastor quien se humilla ante Jehová poniéndose a sí mismo en el lugar de un cordero. David levanta su mirada al cielo, y reconociendo su flaqueza exclama: «*Jehová* es mi pastor».

Medita en esto por un momento. Si David con toda su majestad se hace pequeño ante Dios, ¿cómo no habrías de humillarte tú ante tu Señor? Siendo él un rey poderoso quiso reconocer el poder de Dios. Sin duda la soberbia es la peor traba a la hora de buscar al Eterno. ¿Puedes tú también hacer como David y dejar tu autosuficiencia a un lado para entonar este canto? Así empieza nuestro salmo, con un gran hombre que se hace pequeño. Un pastor que habla como si fuera un cordero reconociendo la grandeza del Dios eterno. David sabe que tan solo es una oveja bajo el cuidado del «Príncipe de los pastores».[5] David sabe muy bien lo que está describiendo porque él ha vivido en primera persona la entrega, el sacrificio y el cuidado que supone ser pastor de las ovejas. Ha vivido la preocupación que se siente cuando un cordero se extravía; ha sufrido la tensión de tener que defenderlo de las fieras; ha experimentado la devoción que la tarea de pastor implica. Sabiendo todo esto, David llama al Señor «mi Pastor», reconociendo

---

4. La tarea de pastor iba pasando del hermano mayor al menor. Así los hijos adultos ayudaban al padre en tareas agrícolas mientras el pequeño pastoreaba las ovejas, como describe 1 Samuel 16:11. Wight, F. H., *Usos y costumbres de las tierras bíblicas* (Grand Rapids: Portavoz, 1981), 160.

5. 1 Pedro 5:4.

que es en verdad Dios quien tiene todo ese cuidado hacia él. David se ha encontrado también con las complejidades que las ovejas llegan a tener como animales. Sabe de su inconstancia, de su facilidad para perderse, de su debilidad y su torpeza, y aun así no duda en llamarse a sí mismo *oveja*. David reconoce que Dios es el Pastor de los pastores, y que él no es más que un cordero torpe. ¿Reconoces tú también tu necesidad con esa misma sencillez?

Podríamos resaltar algo más sobre esta breve expresión. Un matiz hermoso. Estoy seguro de que David pronuncia estas palabras con algo de santo orgullo. Su alma está llena de admiración. Su devoción brilla en este verso. Es como si David dijera: «Yo sé que soy un simple cordero, tan solo una pequeña oveja del rebaño del Señor, un animal sencillo, pobre e indefenso. Pero no piensen que mi pastor es cualquiera. ¡No! Mi Pastor es Jehová, el Creador de los cielos y de la tierra. Él es Jehová de los ejércitos. ¡*Jehová* es mi Pastor!».

¡Así mismo sucede contigo! Si eres una oveja del Señor, has de recordar que no es cualquiera el que cuida de ti. El que sostiene tu alma es el mismo que colgó en el cielo las estrellas. El que te permite ahora respirar es el mismo que dio aliento a Adán. El que te protege del maligno es el mismo que cerró el Mar Rojo sobre los egipcios. El que te provee cada día de alimento es el que hizo llover maná del cielo. Él es tu pastor. El que derribó las murallas de Jericó, el que levantó a Lázaro de entre los muertos, el que multiplicó los panes y los peces, el que dio fuerza a Sansón en el desierto. Tu vida está en manos del Todopoderoso, y tu corazón puede exclamar lleno de gozo: «Señor, Tú eres mi Pastor».

Si eres una oveja del Señor, has de recordar que no es cualquiera el que cuida de ti.

Gracias, Señor, porque eres tú, y solo tú, quien pastorea mi alma.

Confórtame, Señor

1. Según la gente de nuestro tiempo, ¿quién controla nuestra existencia? ¿A quiénes buscan para cambiar sus vidas?
2. ¿Qué te impide llamar al Señor «mi Pastor»? ¿Tienes tu confianza puesta en algún otro lugar que no sea Él?
3. ¿De qué maneras ves el pastoreo de Dios a tu alrededor?
4. A pesar de las pruebas presentes, ¿puedes decir junto a David: «Jehová es mi Pastor»? ¿Por qué tienes esa certeza?

2

Grata certeza

Grata certeza, ¡soy de Jesús!
Hecho heredero de eterna salud;
Su sangre pudo mi alma librar
de pena eterna, y darme la paz.[1]

Para muchos, la fe es tan solo una mera ilusión. Cuando la gente dice «hay que tener fe» se refieren a la probabilidad incierta de que algo pueda acontecer. Sin embargo, el cristiano sabe que la fe está anclada en algo seguro. Es la certeza de lo que se espera, es la convicción de lo que no se ve.[2]

Hay una gran incertidumbre en el corazón de las personas. Si preguntas a los que te rodean tal vez digan que creen en algo, pero en realidad no tienen seguridad de lo que vaya a ser de ellos. En un mundo donde aparentemente manda el azar, el corazón humano no sabe lo que le pueda pasar. Sin Dios, las pruebas no tienen sentido. No tiene sentido la vida misma. No tienen sentido ni siquiera los momentos más bellos. Pero el rey David vive confiado y su fe le mueve

1. Himnario de las Iglesias Evangélicas de España, himno no. 122.
2. Hebreos 11:1.

a exclamar con serenidad: «Jehová *es* mi pastor». Sabe en manos de quién está. David escribe estos versos con una seguridad inquebrantable. No musita de forma incierta: «Espero que el Señor sea mi pastor», o como quien expresa un lejano deseo: «Oh, si el Señor fuera mi pastor». Contempla con qué firmeza David entona estas palabras. Sin sombra de duda. ¿Puedes tú también pronunciarlas? «Jehová *es* mi pastor».

El cristiano no es una oveja errante que busca quien la adopte. El creyente sabe que pertenece a su Pastor y a nadie más, y en Sus brazos por siempre ha de estar. Confía. Nada ni nadie puede arrebatarte de Su mano poderosa. El enemigo, con toda su bravura, lo peor que puede hacer es enviarnos a Su presencia. Si tú eres del Señor, recuerda que no le perteneces al gobierno ni a las leyes de este mundo, ni al diablo que te acecha, ni aun a la muerte traidora. Sí, recuerda que ni siquiera su sucia guadaña puede retenerte porque no le perteneces. Como dijera Job en los momentos más difíciles de su vida:

> Yo sé que mi Redentor vive,
> Y al fin se levantará sobre el polvo;
> Y después de deshecha esta mi piel,
> En mi carne he de ver a Dios;
> Al cual veré por mí mismo,
> Y mis ojos lo verán, y no otro,
> Aunque mi corazón desfallece dentro de mí (Job 19:25-27).

Solo el verdadero cristiano tiene esta certeza habitando en su alma. El religioso siempre duda porque no sabe si ha cumplido del todo bien con los pilares de su fe. No sabe si ha confesado su última falta o si obtendrá misericordia cuando llegue al más allá. Pero el que sabe que si es una oveja del Señor puede paladear con gusto esta bendita paz. Solo el que es de Cristo pronuncia con suma serenidad: «Jehová *es* mi Pastor», sabiendo que nada ni nadie le podrá apartar jamás de Su amor.

No olvides esta verdad. El mundo no tiene certeza de nada. Quien confía en el dinero puede perder su trabajo de la noche a la mañana; quien confía en su salud puede recibir un diagnóstico trágico; quien confía en el hombre puede verse traicionado. El incrédulo es como un barco a la deriva en un mar de dudas. No sabe quién es ni a quién pertenece, ni qué será de él. Pero tú no dejes que tu alma divague por las praderas de la desazón. Si eres una oveja del Señor puedes habitar en el palacio de la certeza. Sabes que le perteneces a Él y solo a Él. Si has sido comprado con Su sangre, si eres uno más de Su rebaño, si tu nombre está escrito en el Libro de la Vida, si tu alma ha sido lavada de tu pecado, puedes llenarte de gozo y caminar cantando: «Jehová *es* mi pastor».

¿Quieres abundar en esta bendita verdad? ¿Ves la paz que trae a tu corazón meditar en ello? A veces las dificultades se propagan y la duda te secuestra. A veces los problemas vienen por docenas y en medio de la tormenta te duelen los brazos de tanto achicar agua. Detente por un instante. Pon sobre Él tu mirada. Él hace dormir las olas con Su voz poderosa. ¿No ves que Jesús está contigo en la barca? Él cuidará de ti. No te confundas. No te abandona a tu suerte. No dejará que Sus corderos se pierdan. Él es tu Pastor que te ama y te sustenta.

¿Quieres recobrar esa certeza? Mira hacia atrás por un instante y medita en tu pasado. *¿Estabas perdido y Él te halló?* Todo creyente tiene la paz de saber que Cristo salió a su encuentro. El Buen Pastor busca a la oveja perdida, y una vez que la tiene en Sus brazos la lleva al redil. ¿Dónde estabas tú antes? ¿Salió el pastor a buscarte? ¿En qué senda sombría te halló? Si no fuera por Él, ¿dónde estarías hoy? Son preguntas sencillas con un eco inmenso. Si en verdad salió a buscarte, entonces le perteneces. Eres una oveja de Su redil. Te ha puesto nombre. Te ha marcado con Su Espíritu Santo. Si Él fue por ti, y te tomó, te rescató, te perdonó, te redimió, te lavó, te adoptó, te compró, ¿por qué piensas que ahora te va a dejar abandonado en el camino? Dios no compra un cordero para dejarlo a merced de los lobos. Dios sabe lo que es suyo y es un Dios muy celoso. Dios acaba lo que emprende, y si fuiste rescatado por Él, estarás a Su lado por siempre.

Dios sabe lo que es suyo y es un Dios muy celoso. Dios acaba lo que emprende, y si fuiste rescatado por Él, estarás a Su lado por siempre.

Piensa además en esto, *¿estabas necesitado y Dios te sustentó?* Cada uno de los hijos de Dios puede narrar las muchas ocasiones en las que la mano del Pastor le ha provisto en su necesidad. Reconócelo. Él ha cuidado de ti todos estos años, pero tal vez lo hayas olvidado. A veces miras hacia delante y exclamas al ver las adversidades: «¿Señor, ya no te acuerdas de esta oveja tuya?». A veces solo alcanzas a mirarte a ti mismo y, consumido de victimismo, piensas: «¿Qué va a ser de mí?». ¡Pero te invito a mirar hacia atrás por un instante! Usa el espejo retrovisor de tu alma, no para lamentarte de tus pecados pasados sino para recordar las bendiciones de antaño. ¡Mira hacia atrás! Y verás que cuando faltó el dinero, este llegó milagrosamente; cuando faltó la persona amada, el amor del Señor sobreabundó; cuando te invadieron las dudas, Dios respondió a tus oraciones. El cristiano es capaz de mirar hacia atrás y decir cada día *Eben-Ezer*, «hasta aquí nos ayudó Jehová».[3] Si miras atrás en el camino de tu peregrinaje terrenal verás un sinfín de *Ebenezeres* y podrás exclamar: «¡Dios estuvo a mi lado y lo seguirá estando!». No escuches el ruido de la tormenta que a veces nubla los sentidos. Recuerda Su inmensa bondad y podrás cantar junto al rey David *Jehová es mi Pastor.* Su presencia estuvo contigo, y lo seguirá estando hoy.

¡Mira hacia atrás y recuerda lo que a veces no recuerdas como debieras! Sus bendiciones se han de evocar constantemente. Cuando el pueblo de Israel salió de Egipto, Dios le entregó la ley escrita en tablas de piedra. Esa ley les recordaba que pertenecían a Jehová, trayendo a la memoria de dónde los había sacado. Dios le recuerda a Su pueblo su propia historia: «Yo soy Jehová tu Dios, que te saqué de la tierra de Egipto, de casa de servidumbre».[4] Y del mismo modo el Señor quiere hoy que tú recuerdes tu pasado, no para llorar otra vez por tus faltas de entonces, sino para tener muy presente lo mucho que te ha dado. Recuerda la servidumbre de la que fuiste librado para poder crecer en la certeza de Su presente cuidado.

Gracias, Señor, por la seguridad y el descanso que encuentro entre tus brazos.

---

3. 1 Samuel 7:12.
4. Éxodo 20:2.

Confórtame, Señor

1. ¿Qué es la fe para los no creyentes, y qué es la fe para ti?
2. ¿Dónde está Dios cuando sufres? ¿Qué crees que piensa Dios de tus pruebas actuales?
3. ¿Has dudado alguna vez de Su cuidado para contigo? ¿Por qué?
4. ¿Puedes enumerar las evidencias de Su amor por ti? Mirando el pasado, escribe una lista de al menos diez.

3

Mío

Está atento a la voz de mi clamor,
Rey mío y Dios mío, porque a ti oraré.

Salmo 5:2

Todos tenemos más de una forma de llamarnos. Cuando nos presentamos a un desconocido usamos el nombre formal, pero no todo el mundo se refiere a nosotros así. A veces las amistades nos llaman de otro modo, y en la intimidad del hogar todo tiene otro color. Los padres llaman a los hijos de formas cariñosas, y los cónyuges usan entre ellos motes secretos que desconoce el resto de los mortales. De este modo se expresan el uno al otro un amor que es exclusivo y una complicidad muy especial. Además de todo esto sabemos que cada lengua tiene el modo de darle a cualquier nombre una forma entrañable. En español formamos diminutivos añadiendo un sufijo que varía de región en región, de modo que *Juanico* es más cariñoso que *Juan*, y aunque pasen los años y Pablo haya crecido seguirá para muchos siendo *Pablito*. El diminutivo describe a la persona, no por su tamaño, sino por su cercanía.

En hebreo el diminutivo como tal no existe, pero la relación de proximidad se expresa con la posesión. Aunque algunos insistan en aplicarle diminutivos a Dios, en verdad la cercanía con Él se manifiesta con posesivos. Dios es *mi* Rey, *mi* Amigo, *mi* Padre, *mi* Señor, *mi* Creador. Así el Señor Jesús clama al cielo desde la cruz, pero no dice tan solo *El* para referirse a Dios, sino *Elí, Elí*: «Dios mío, Dios mío». En ese sentido es hermoso observar que en nuestro salmo el rey David busca el posesivo para dar a entender la relación íntima que tiene con Jehová. Bien podría haber dicho que Dios es el «pastor de Su pueblo», o haber usado el plural para describir que Jehová es «nuestro pastor», lo cual también sería cierto. Las bendiciones celestiales son comunes a todos los hijos de Dios, y en este salmo hubiésemos podido encontrar algo similar al *Padrenuestro* al leer que *Jehová es nuestro pastor* y *nada nos faltará*. En muchos otros salmos el plural abunda, pero aquí no. David usa el singular y el posesivo al mismo tiempo para poner ante nosotros un énfasis que hemos de contemplar. David siente al Señor más cerca que nunca. David se apropia de Dios. Por un momento no es tuyo ni mío. Es solo suyo. Su cuidado perfecto brilla ante todos cuando suena este verso: «Jehová es *mi* pastor».

David está describiendo una relación única con Dios, una relación muy especial que tú también puedes gustar mientras pronuncias estas palabras. El Salmo 23 presenta ante ti la realidad de que el cuidado amoroso de Dios no es la atención fría y distante del que acaricia a Sus ovejas desde lejos. Dios no es un pastor desinteresado que envía a Sus criados para proteger al rebaño mientras Él se queda en casa descansando. Jehová es *mi* Pastor. Jehová es *tu* Pastor. Él es un pastor cercano, que mantiene contigo y conmigo una relación personal. Dios es un pastor que está con Sus ovejas, que pasa el día con ellas, que las conoce a todas por nombre, que vela por su cuidado, su protección y su sustento. Dios es un pastor que no duerme, que no cambia de empleo, que no hace turnos, que no abandona a Sus corderos.[1]

Cualquiera puede observar de lejos la fe cristiana y decir que Dios es *un* pastor. Cualquiera puede percibir los cuidados de Dios para con los suyos, e incluso exclamar: «¡Cómo me gustaría tener un Pastor así!». Pero tan solo unos pocos pueden llegar a entonar estas palabras con la certeza que se desprende de ellas: «Jehová es *mi* pastor». ¿Lo

1. Salmo 121:3.

puedes decir tú? ¿Eres uno de los justos que pueden apropiarse de las bendiciones que emanan de Su pastorado? ¿Eres uno de los que saben que son «ovejas de su prado»?[2] Entonces escucha bien. Durante toda la vida, a cualquier hora, sea lo que sea que estés viviendo; ya sea que te sientas seguro o turbado, feliz o abatido, solo o acompañado, puedes pronunciar estas palabras como una dulce oración en recuerdo de Su cuidado: Jehová es *mi* pastor.

El Dios que encendió las estrellas puede ver lo que tu corazón siente. El Dios que formó los océanos contempla cómo tus lágrimas nacen. David compone este salmo siendo consciente de esta verdad. El Dios de las grandes galaxias es también el Dios de tu alma. David escribe como si no hubiera más ovejas, como si él fuera el único cordero del rebaño del Señor. El salmo entero está compuesto de este modo. Es el canto de una oveja de Su prado, que exalta el cuidado y las virtudes de su Amo. David se siente como una oveja amada, predilecta, mimada en los brazos del Buen Pastor. ¿Te sientes tú así? ¿Como una oveja preferida del Señor?

El Dios de las grandes galaxias es también el Dios de tu alma.

¡Ay! Si tú o yo tuviéramos favoritismos, eso sería algo muy feo. La Palabra del Señor nos advierte seriamente que no debemos tener preferencias entre los hermanos, que no hemos de hacer acepciones entre los hijos, porque al preferir a uno estamos despreciando al otro y al favorecer a uno estamos perjudicando al otro. Son sabidos los celos que Jacob encendió entre sus hijos al tener predilección por José. Sus atenciones, sus conversaciones y aquella túnica de colores provocaron la ira de los demás. El trato entre José y su padre Jacob era sin duda muy especial. No podemos ni imaginar la reacción que hubiera despertado en sus hermanos si José les hubiera dicho: «Jacob es *mi* padre» y si hubiera compuesto un cántico elaborando esa misma idea. Pero eso es lo que hace el rey David en este salmo. Expresa el cuidado especial de Dios para con él. David se siente como una oveja preferida en los brazos de Jehová, y canta alabanzas a Su cuidado para que luego nosotros lo leamos. La gran diferencia entre la familia de Jacob y la

---

2. Salmo 100:3.

familia de Dios es que tú puedes leer este salmo sin sentirte despreciado. Cuando lees del cuidado de Dios por David, no sientes celos como los hermanos de José sintieron, porque sabes que la capacidad de Jacob para amar era humana mientras que el amor de nuestro Dios es infinito. Tu Dios es tan grande, tan poderoso, tan bueno, y Su corazón es tan inmenso y tan tierno que Él –y solo Él– es capaz de amarte a ti con una intensidad tal que te hace sentir como si no hubiera más ovejas en Su rebaño.

¿No te parece un pensamiento fascinante? Dios tiene millones de corderos en Su redil, y aun así cuida de cada uno de ellos como si fuera el único. Dios nos conoce a cada uno por nombre, sabe de nuestras luchas y flaquezas, y sabe cómo encaminar nuestros pasos. Tú has podido comprobarlo. Cuando oras, Dios escucha tu oración como si nadie más en el mundo estuviera orando. Cuando clamas, sabes que Sus oídos te prestan atención. Sus ojos están puestos sobre ti, y solo Dios puede hacerte sentir tan único como para exclamar: «Jehová es *mi* Pastor».

Gracias, Señor, porque puedo decir lleno de gozo que tú eres mío.

Confórtame, Señor

1. ¿Crees que hay algún asunto personal tuyo que no le interese al Señor? ¿Algo por lo que no puedas orar?
2. ¿De qué formas has visto en tu vida la cercanía de Su cuidado?
3. ¿Te sientes como una oveja preferida de Su rebaño? ¿De qué maneras has visto Su favoritismo para contigo?
4. ¿Puedes pronunciar junto a David: «Jehová es *mi* pastor»?

4

Cuán débil soy

Dios es Pastor tan solo de aquellos que, tocados por una profunda percepción de su propia debilidad y pobreza, sienten la necesidad de Su protección.[1]

Juan Calvino

¿De cuántas maneras puedes referirte a Dios en tus oraciones? Le puedes llamar *Padre* y *Rey* y *Señor*... Él es el mejor *Amigo*, es el perfecto *Esposo*, es el amado *Maestro*. Pero este salmo te sitúa en una relación peculiar con tu Creador cuando te refieres a Él como *Pastor*. Se establece entre tú y Dios un vínculo laboral, según el cual Dios pastorea, y tú eres pastoreado. Parece algo sencillo. De hecho tu parte es la menos compleja, pero aun así entraña sus retos. Dios pastorea de forma sublime, y tú te dejas pastorear con excelencia. Esta hermosa frase, «Jehová es mi pastor», bien pudiéramos girarla como un tapiz para apreciar los colores que se esconden al otro lado. Dándole la vuelta habríamos de decir: «Señor, yo soy una de tus ovejas»,

1. Calvino, J. *Comentario sobre Salmos*. Comentarios de Calvino, vol. 4 (Grand Rapids: Baker Books, 2003), 392.

con lo cual el salmo se hace más arduo de entonar. ¿Reconoces tú que eres una oveja del Señor? ¿Ves a Dios como Pastor pero te cuesta verte a ti como parte de Su rebaño? ¿Eres consciente de todo lo que implica el carácter ovejuno de tu alma?

Nadie puede llamar al Señor *Pastor* si no se ve a sí mismo tan débil como un cordero y se siente tan torpe como un borrego. Ser una oveja del Señor implica necesariamente cobrar consciencia de tu pequeñez e incapacidad, para poder entonces seguirle a Él con sincera humildad. Por tanto, hay cierto tono de confesión en este hermoso salmo. David escribe estas bellas estrofas en las cuales apreciamos el rol activo del Pastor. El Pastor es quien guía, protege, cuida, alienta, sostiene, levanta, restaura, instruye... y mientras tanto la oveja está a merced de Su labor. David está reconociendo su fragilidad al decir: «Señor, tú eres mi Pastor, y yo solo soy una de tus ovejas, con todas mis limitaciones y carencias, con todas mis necesidades y flaquezas. Cuán feliz estoy de saber que eres tú quien me sustenta».

El cristiano es semejante a una oveja, en primer lugar porque *la oveja es débil.* No es un animal fuerte. No tiene garras para defenderse como un león ni cuernos para embestir como un toro, ni aun la rapidez del conejo para esconderse. Es un animal sin fuerzas propias. Si cae en un hoyo necesita quien la levante; si se enreda en una zarza necesita quien la saque; si viene un lobo necesita quien la salve. La oveja necesita de la fuerza, protección y atención del pastor. David busca esa cercanía con Dios, porque es consciente de su fragilidad. El rey de Israel reconoce su necesidad.

Así sucede contigo. Nada puedes hacer con tus propias fuerzas. Nada lograrás si no es con la ayuda y dirección de Dios. Necesitas reconocer tu absoluta incapacidad ante los retos de la vida, para poder verte más y más como una oveja de Su redil y percibir Su grandeza como tu Pastor. Si eres cristiano, y eres capaz de entonar este salmo diciendo: «Jehová es mi pastor», entonces estás reconociendo tu gran debilidad. Deja por tanto todo aquello que no pertenece a un cordero. Abandona aquellas cosas que no corresponden a tu naturaleza en Cristo. ¡Deja la malicia para los lobos! ¡Deja la altivez para los osos! ¡Deja los gritos para los monos! ¡Deja el orgullo para los pavos reales! ¡Deja las mentiras para las serpientes! Si tú eres una débil oveja de Su redil, tu actitud debiera ser la de un seguidor sumamente dócil y dependiente.

Tal vez hayas de confesarle al Señor tu pecado de orgullo. Tal vez has descansado demasiado tiempo en tus propias fuerzas y tu entendimiento. Has sido un cordero terco que se creía fuerte y guiado por ti mismo te has enredado en zarzales. Tal vez hayas de dar gracias a tu Pastor celestial por las muchas veces que ha salido en tu rescate. ¡Ríndete a los pies del Señor! Ríndete en humildad y dile: *Tú* eres mi Pastor. Perdóname por haber intentado pastorearme a mí mismo. Perdóname por creerme fuerte. Ayúdame a descansar en ti solamente.

El cristiano es semejante a una oveja porque es débil, pero también porque una oveja *es tonta.* Disculpa la claridad del término. Si prefieres otra expresión, podemos decir que es *poco inteligente.* Una oveja es débil en lo físico y también en lo intelectual. No es capaz de encontrar alimento por sí misma. Se mete entre espinos o cae por un peñasco si no cuenta con la dirección de su amo. Una oveja es muy difícil de enseñar. Sin duda se trata de uno de los seres más tontos de la creación. Creo que el Señor, antes de diseñar a los animales, pensó para Sus adentros: «He de hacer uno de estos con el cual luego pueda comparar a mi pueblo. Un animal que sea débil, torpe y sin mucho ingenio...». Y pensó en la oveja. Y la creó. Y luego te comparó con ella.

Mi experiencia como pastor de ovejas se reduce a tres días, pero fueron más que suficientes. A finales de los ochenta, junto con otros jóvenes de la iglesia planeamos visitar una granja que regentaba un ministerio cristiano. Como gesto de amabilidad quisimos llevarles un regalo, y no se nos ocurrió mejor idea que comprar un animal para la granja. Paseamos por los puestos del mercado, y el obsequio más apropiado pareció ser un corderito de aspecto encantador. Ya con el cordero en brazos nos percatamos de que era miércoles, y la visita a la granja no era hasta el sábado. ¿Y dónde se iba a alojar durante tres días nuestro encantador amiguito? Con permiso de nuestros padres, nos lo llevamos a casa. Mis hermanos Jonatán, Samuel y yo podemos dar fe de que aquellos tres días fueron más que suficientes para constatar la ineptitud de aquella bolita de lana. Se subía en las camas, masticaba las plantas, y no entendía ni jota de lo que le decíamos por mucho que nos esforzáramos a hablar su idioma. Al salir a pasear se escapaba calle abajo, y acabamos poniendo en su cuello la correa de nuestra perrita Canela para realizar un paseo que, sin duda, llamó la atención de todo el barrio.

¿Cómo puede valerse por sí mismo un animal así? Sencillamente, no puede. La oveja no percibe el peligro, no sabe encontrar agua, no busca refugio del frío. Hay animales que sobreviven sin nuestros cuidados. Por eso hay perros domésticos y perros salvajes, hay cabras domésticas y cabras salvajes, hay caballos domésticos y caballos salvajes, pero no hay ovejas salvajes. Una oveja errante no es más que la merienda de un lobo hambriento. La oveja fue creada débil para ser pastoreada, y así pasa contigo también. Necesitas un Pastor. No eres tan fuerte ni tan capaz como piensas. Tu corazón ha sido diseñado para depender de tu Pastor celestial. Si en verdad eres suyo, dependes desesperadamente de Su cuidado. Recuerda que oramos «el pan nuestro de cada día, dánoslo hoy», no porque Dios no pueda darnos del pan necesario para un mes, sino porque tú necesitas recordarle cada día a tu corazón que has sido creado para depender de Él.

La oveja fue creada débil para ser pastoreada, y así pasa contigo también. Necesitas un Pastor.

Haces bien en llamar a Dios *mi Pastor*, pero debes recordar que al mismo tiempo estás confesando tu incapacidad. Recuerda que no eres fuerte, sino débil; que no eres sabio, sino necio; que no eres hábil, sino torpe. Reconoce tu dependencia de tu Pastor celestial. Ven. Cuanto más te conoces a ti mismo más acudes a Él. Cuando se ponen al descubierto tus carencias, más evidente se te hace que necesitas de Su fuerza. Reconoce tu debilidad, tu incapacidad y tu «tontez» para acudir rápidamente a Sus pies.

Gracias, Señor, porque mi gran debilidad me acerca a tu gran fuerza.

Confórtame, Señor

1. ¿En qué momento fuiste fuerte en tu propia opinión y qué consecuencias hubo?
2. ¿Crees que las pruebas que has pasado te han mostrado tus flaquezas? ¿Cuáles son?
3. ¿Te identificas con la «tontez» de una oveja?
4. ¿Estás confiando en el Señor y abandonando tu propio criterio? ¿De qué maneras prácticas se ve esto en tu vida hoy?

5

Nada me faltará

El pan nuestro de cada día, dánoslo hoy.

Mateo 6:11

Si fueras un intrépido periodista y pudieras entrevistar a una oveja y, micrófono en mano, le preguntaras: «¿Dónde está tu felicidad?», ¿qué crees que te respondería? Sin duda no te hablaría de su currículum profesional ni de su cuenta bancaria, ni de su extensa colección de zapatos de charol. ¡Tan solo te hablaría de su pastor! La oveja te diría sin pensarlo dos veces: «¿Qué dónde está mi felicidad? ¿Lo conoces a él? ¿Conoces a mi pastor? ¡Él es todo lo que tengo y todo lo que soy! ¡Él es mi tesoro y mi gozo!». Te hablaría de él, porque una oveja no posee ningún otro bien. Todo lo que tiene es la persona de su pastor. Nada más. ¿De qué otra cosa podría hablar y de qué más podría gloriarse?

Así sucede contigo como oveja del Señor. ¿En qué descansa tu corazón? ¿En tus logros académicos, en tu dinero, en tu trabajo, en tu fama, en tu capacidad, en tus dones? Nada de eso perdura. Nada es propiedad tuya. Todo es del Señor, y todo te ha sido dado gracias a Su bondad. Sabes que no tienes fuerzas, sino que todo el poder es de Él. Sabes que no tienes la sabiduría suficiente, sino que Él es toda la guía que requieres. Pero toda esa carencia que percibes en lo espiritual es también muy cierta en lo material. Dicho de otro modo, como oveja del Señor *eres pobre*. No tienes nada, y nada de lo que tienes es tuyo. Por tanto, no busques tu valor en lo material. No busques tu identidad en los logros. Que tu valía se encuentre tan solo en Aquel que te posee a ti y lo posee todo. En tu Dios, en tu Amo, en tu Pastor. La gran diferencia entre una oveja y otra no está en su salud ni en el color de su lana, ni en su edad. Lo que realmente marca la diferencia entre ambas es su propietario. Una pasará hambre, estará sucia y atemorizada, mientras que la otra gozará de paz, estará limpia y bien nutrida. Así sucede también contigo. La gran diferencia en tu vida no reside en saber *quién* eres, sino *de quién* eres.

La gran diferencia en tu vida no reside en saber *quién* eres, sino *de quién* eres

La oveja es pobre y no posee nada. Ni siquiera se posee a sí misma. Ese es también tu caso. Sabes que tu persona no te pertenece, sino que perteneces a Él en alma y cuerpo. Dios, por Su gracia, quiso comprarte con el precio de Su preciosa sangre. Ahora Él te tiene a ti, y tú lo tienes a Él. Ahora puedes entonar como la amada en Cantar de los Cantares: «Mi amado es mío, y yo suya».[1] Eso es lo que expresas cuando pronuncias esta oración: «el Señor es mi Pastor». Anuncias que Él te ha comprado y que así como el ganado se marca a fuego, Jehová ha grabado sobre ti Su nombre con Su Espíritu Santo. Al decir: «El Señor es mi Pastor» no solo estás expresando el deseo de querer disfrutar de Su atención, sino que renuncias a tu vida autónoma para someterte a Su cuidado. Exclamar: «Jehová es mi Pastor» significa que te rindes a Él. No puede haber mayor satisfacción ni mayor paz en tu alma que esta, la de saber que perteneces a Cristo.

Nada me faltará añade aquí el salmista, como una consecuencia directa del pastoreo del Señor. En este punto tal vez estés pensando: «A mí sí que me faltan cosas, porque yo hubiera querido tener una casa más grande, y no puedo comprar todo lo que necesito...». Pero no es a eso a lo que se refiere el salmo. Recuerda que es una oveja la

1. Cantares 2:16.

que está hablando. ¿Cuándo te ha faltado sustento, o agua, o cobijo, o abrigo? El Señor no te ha prometido todo aquello que tu corazón desee, pero no te faltará de lo más básico. El mundo dice que has de tener todo lo que quieras, pero Dios te enseña a querer lo que ya tienes y a desear lo mismo que Él desea.

El contentamiento y la gratitud son locura para el mundo y a la vez olor fragante para nuestro Señor. La Palabra nos enseña a pedir por el pan de cada día, en una continua dependencia de Su poder y Su provisión. No se trata de ser negligentes. Se trata de ser diligentes sin ponerse ansiosos por las cosas materiales sabiendo que Él tiene cuidado de nosotros. No es tu esfuerzo sino Su providencia la que trae alimento a tu mesa, pone abrigo en tu armario y extiende un techo sobre tu cabeza.

> Por nada estéis afanosos, sino sean conocidas vuestras peticiones delante de Dios en toda oración y ruego, con acción de gracias (Fil. 4:6).
>
> No os afanéis, pues, diciendo: ¿Qué comeremos, o qué beberemos, o qué vestiremos? Porque los gentiles buscan todas estas cosas; pero vuestro Padre celestial sabe que tenéis necesidad de todas estas cosas. Mas buscad primeramente el reino de Dios y su justicia, y todas estas cosas os serán añadidas (Mat. 6:31-33).

Nada me faltará es por tanto una afirmación que rebosa paz. Vivimos en una cultura en la cual todo lo que se *quiere* se convierte en *necesario*, pero debemos recordar que en estos versos tú y yo somos mansos corderos que andan repitiendo: «Nada me faltará. No me faltará sustento porque me lleva a pastos verdes; no me faltará abrigo porque me lleva al redil cuando llueve; no me faltará paz porque Su vara me protege». Esta verdad no es una invitación al materialismo, sino todo lo contrario. Nuestro salmo no afirma que Dios vaya a responder a todos tus antojos, sino que no ha de faltarte nada de lo básico porque Él sabe cuidar de Su rebaño.

Israel peregrinó por el desierto, y a pesar de las incomodidades de la vida nómada, Dios le dice claramente a Su pueblo que durante esos cuarenta años «Jehová tu Dios ha estado contigo, y nada te ha faltado».[2] Israel tuvo sustento, guía y protección, y eso mismo es lo que recibe cada oveja del Señor. Estos versos no alimentan la codicia, sino el contentamiento. A los ojos del salmista, el mayor beneficio que puedas alcanzar no es lo que Dios te pueda dar, sino aquello que ya has recibido de Su mano.

«Jehová es mi pastor; nada me faltará» expresa una profunda serenidad al pensar en el futuro y un sincero contentamiento al meditar en el presente. Qué descanso para tu alma mirar hacia delante y saber que Dios proveerá aun en momentos de dificultad. El original en hebreo dice aquí: *lo ehsar*, que bien se puede traducir como *nada me faltará*, pero alberga implicaciones mucho más profundas porque no apela tan solo a las circunstancias sino a los deseos del corazón. A la oveja de este salmo no solo no le *falta* nada, sino que no *quiere* nada.[3] Literalmente dice, *no quiero*. Que hermoso meditar en eso. El corazón del impío siempre quiere algo más y siempre sigue descontento, pero si tú tienes a Cristo puedes decir *no quiero* porque tu corazón dejó de desear; *no quiero* porque tu alma está llena en Él; *no quiero* porque tus deseos no corren detrás de lo terrenal. Qué descanso es mirar al presente y ver que Dios ha obrado en ti un cambio tan sorprendente que ya no deseas nada más, porque tienes al Pastor celestial. Al ser adoptados a la familia de Dios ahora podemos dejar atrás cualquier sueño materialista y exclamar: «El Señor es mi Pastor, ¡qué más puede desear mi corazón!». Has hallado la perla de gran precio y ya no buscas más. Has visto el tesoro escondido y te sobra todo lo que posees. En Dios está la respuesta, en Dios está tu tesoro, en Dios está tu esperanza. El que posee a Aquel que posee todas las cosas, ya no desea poseer nada.

Gracias, Señor, porque nada me puede faltar y nada deseo fuera de ti.

2. Deuteronomio 2:7.

3. O como traducen algunas versiones inglesas: «*There is nothing I shall want*», «no querré nada».

Confórtame, Señor

1. ¿Eres una oveja del Señor? ¿Te sientes de Su propiedad?
2. ¿En qué cosas terrenales te sientes tentado a basar tu felicidad?
3. ¿Ves la provisión de Dios para contigo? ¿Puedes decir «nada me faltará»?
4. ¿Te falta contentamiento en algún área de tu vida? ¿Deseas anhelar más al Señor?

6

Descanso en ti

En paz me acostaré,
y así mismo dormiré;
Porque solo tú, Jehová,
me haces vivir confiado.

Salmo 4:8

Cuando meditamos en las primeras palabras del Salmo 23 nos invade una paz inmensa. ¿La sientes? El primer versículo te recuerda el perfecto cuidado de Dios como tu Pastor: «Jehová es mi Pastor, nada me faltará». Solo en Dios puedes hallar el descanso que tu alma anhela. En Su provisión encuentras una satisfacción que es extraña para el mundo. El que está sin Dios, siempre quiere más porque le domina la vana ilusión de que las cosas creadas pueden satisfacer el alma. La gente lucha con un hambre interior que lo material no puede saciar, pero en Dios tú tienes esa paz que el mundo no puede comprender. El creyente, rodeado por la desazón de su tiempo, puede entonar estas palabras con un corazón sincero: «Jehová es mi Pastor. No quiero nada más». Charles Spurgeon describe este sentimiento de paz interior de una forma poética:

El malo siempre quiere, pero el bueno nunca; el corazón del pecador está lejos de la satisfacción, mas el del justo mora en el palacio del contentamiento.[1]

Tú también puedes morar en el palacio del contentamiento. Tú también puedes decir que tu Pastor te suple de lo necesario. Recuerda que es Dios quien te provee de todo, aunque use agentes cotidianos. No es el jefe quien te paga el salario a fin de mes, sino Dios. No es el panadero quien te provee del pan de cada día, sino Dios. No es el policía quien te protege del mal, sino Dios, y por eso acudes a Dios cuando te alcanza la necesidad. ¿Te das cuenta? Todo pertenece a tu Padre celestial, y todos los hombres obran según Su santa voluntad. Tú y yo somos Sus hijos amados. ¿Qué te habría de faltar?

En el segundo versículo de nuestro salmo se nos desgrana un poco más esta verdad, aplicando al corazón todo el significado de la expresión *nada me faltará.* La oveja del salmo disfruta de la paz que su pastor le proporciona cuando entona: «en lugares de delicados pastos me hará descansar; junto a aguas de reposo me pastoreará». Es el pastor quien tiene el deber de velar por el bienestar de sus ovejas y lograr su descanso. Es el pastor quien mira que estén bien nutridas, que no pasen sed, que duerman suficiente, que no se agoten en el camino. Si un pastor terrenal es capaz de cuidar así de bien de su rebaño, cuánto más el Pastor eterno no velará por el bien de Sus corderos.

Este pasaje evoca en mi mente la imagen de un verde prado más allá de los montes áridos. Una llanura hallada por el pastor donde un arroyo serpentea alegre entre las peñas, y el canto de las aves cruza el firmamento claro. Cuando leo que «me hará descansar» es como si viera un paisaje tan bello que tan solo contemplarlo ya transmite paz y sosiego. Pienso en la hermosa naturaleza que rodea al cordero de este salmo, pero sinceramente, el cordero no me viene a la mente. No sé dónde está. Si tú pensaras en la oveja de este verso, ¿qué imaginas que está haciendo? ¿Está bebiendo del arroyo, o está pastando por el prado, o está mirando hacia un cielo despejado?

El versículo 2 nos describe el descanso de la oveja de este salmo, pero lo llamativo de este verso es que el verbo *rabats* en el original

1. Spurgeon, *Treasury*, 354.

hebreo no solo comunica la idea de *descansar*, sino también la de *tumbarse*.[2] Algunas traducciones lo expresan de esa manera: «Me hará yacer…», hará que me recueste. Si hubiéramos de imaginar a la oveja de estos versos habríamos de situarla sobre el pasto verde, recostada plácidamente. Así es como la describe el Salmo 23. «Mi Pastor me cuida de tal manera, que Él me lleva a lugares de delicados pastos y aguas de reposo, y allí consigue que sea tan grande la paz que me rodea, que me echo a tomarme una siesta».

Según el autor Phillip Keller, no es fácil conseguir que una oveja se eche a descansar. Esta es una conducta muy peculiar que solo se da cuando la oveja ve satisfechas algunas condiciones. Keller destaca varios factores imprescindibles para que una oveja tenga un nivel de paz tan completo como para poder recostarse. El pastor cuida de ella, de modo que esté libre de cualquier *temor*. El pastor cuida de ella y solventa cualquier *fricción* con otras ovejas. El pastor cuida de ella y la protege de los *parásitos* que la acechan. El pastor cuida de ella y se asegura de que no pase *hambre* ni esté sedienta. ¿Y acaso no es así como te cuida el Pastor celestial a ti? En las próximas páginas desgranaremos estos aspectos para comprobar que tu Pastor eterno vela por todo aquello que pudiera quitarte el sueño.[3] En verdad, Él te hace descansar.

¿Reconoces tú el cuidado de Dios en tu vida? Cuando meditas en lo que Él hace, ¿se llena tu corazón de paz? ¿Puedes decir junto al salmista que Dios te hace descansar? La oveja del Salmo 23 está recostada sobre la hierba del campo mientras oye el murmullo del agua. Su descanso es tan profundo y tan seguro que puede dormir. Tenemos ante nosotros una oveja libre de temores, cuyo descanso no es mérito suyo sino del pastor. La silenciosa paz de la oveja anuncia en voz alta que el trabajo de Su amo es perfecto. Él da descanso a los que están bajo Su cuidado. El salmista lo afirma: «*Me hará* descansar». ¿Has pensando en ello? Tú no descansas. Es tu

La silenciosa paz de la oveja anuncia en voz alta que el trabajo de Su amo es perfecto.

2. La forma *hif'il* del verbo *rabats* «estirarse, echarse».

3. Keller, Phillip, *A Shepherd Looks at Psalm 23* (Grand Rapids: Zondervan, 1970), 23-37.

Pastor celestial quien te proporciona el descanso, y tu deber es hacer crecer la confianza en Aquel que tiene el poder para controlar todo lo que pudiera turbar tu paz.

Muchas veces vivimos hipervigilantes, pensando que vamos a conquistar nuestra paz con nuestros propios esfuerzos. Hacemos como los discípulos, que sacaban agua del bote apresuradamente. Otras veces nos invade la ansiedad, no porque Dios se haya olvidado de nosotros, sino porque nos hemos alejado de Él. Hacemos como el hijo pródigo, que habiendo viajado a una tierra lejana no encontró la paz que anhelaba hasta que regresó cabizbajo a la casa del padre. Así sucede también contigo. A veces Dios te da, y a veces te quita. Incluso así, ya sea que Dios te prive de lo que tenías o no te de lo que le pides, has de saber que Él sigue velando siempre por ti. La carencia te acerca a Él. Job perdió su salud pero se acercó a la oración. Jonás vio morir su calabacera pero escuchó la voz de Dios. Cuando el cuidado del Señor viene en forma de pérdida es cuando la carencia nos acerca hacia el bien mayor. Tú descansa en Dios. Por más que te afanes no podrás alcanzar el reposo que anhelas porque la paz verdadera no se halla en las cosas de esta tierra. Tu descanso proviene del cielo. Descansa en Jehová y Él te hará descansar.

Gracias, Señor, porque tú y solo tú das a mi alma descanso verdadero.

Confórtame, Señor

1. ¿Dónde has estado intentando buscar la paz del alma a lo largo de tu vida?
2. ¿Puedes ver ahora la paz de Dios en ti?
3. ¿Qué asunto te quita la paz en estos días? ¿Cómo puedes descansar en el Señor con respecto a este tema?
4. ¿Qué has perdido recientemente y de qué manera la carencia te ha acercado más al Señor?

7

Paz en el rebaño

En el momento en que entraba yo en escena
y mi presencia atraía su atención,
las ovejas rápidamente olvidaban sus ridículas
rivalidades y paraban de luchar.
La presencia del pastor
marcaba la diferencia.[1]

Phillip Keller

Las ovejas van siempre muy juntas. La cercanía les proporciona calor durante el frío invierno y una agradable sombra a sus pies en verano. Sabemos que hay grandes bendiciones en el hecho de andar en compañía y que Dios vio que no era bueno que estuviéramos solos. Para el hombre creó una ayuda idónea en el Edén. A cada uno de nosotros nos ha hecho crecer en el seno de un hogar, y al conocer al Señor somos adoptados en una familia espiritual. La Iglesia de Dios es la congregación de los santos, la cual es comparada con una nación

1. Keller, 29.

santa, un edificio compuesto por piedras vivas, un cuerpo formado por muchos miembros o un rebaño de ovejas que andan unidas.

La compañía es hermosa, pero además de bendiciones también comporta ciertos retos. Quien más cerca tienes es quien más te puede hacer el bien, pero también quién más pudiera herirte. Aquel con quien alegremente bailas es también quien puede pisarte un pie. La misma compañía que suele refrescar los corazones se torna a veces en una fuente de tensiones. Por muy dóciles que las ovejas parezcan, en un rebaño también hallamos riñas y rivalidades. En cada redil hay corderos que pretenden dominar a los demás, aislar a algunos o tratar de apartar a otros del pasto verde y de las aguas claras. Esta realidad es magníficamente descrita por el profeta Ezequiel cuando habla de la injusticia hecha sobre su pueblo por parte de los líderes de Israel. El Señor observa a Su rebaño desde los cielos y ve cómo Sus hijos reciben abusos y desprecios.

> Mas en cuanto a vosotras, ovejas mías, así ha dicho Jehová el Señor: He aquí yo juzgo entre oveja y oveja, entre carneros y machos cabríos. ¿Os es poco que comáis los buenos pastos, sino que también holláis con vuestros pies lo que de vuestros pastos queda; y que bebiendo las aguas claras, enturbiáis además con vuestros pies las que quedan? Y mis ovejas comen lo hollado de vuestros pies, y beben lo que con vuestros pies habéis enturbiado. Por tanto, así les dice Jehová el Señor: He aquí yo, yo juzgaré entre la oveja engordada y la oveja flaca, por cuanto empujasteis con el costado y con el hombro, y acorneasteis con vuestros cuernos a todas las débiles, hasta que las echasteis y las dispersasteis (Ezeq. 34:17-21).

Si aparecen rivalidades y tensiones en el rebaño, ya no hay paz. Cuando eso sucede, las ovejas permanecen despiertas velando por sus propios derechos y protegiendo su integridad. A pesar de su aspecto inofensivo, pueden llegar a ser verdaderamente molestas con sus compañeras, haciendo que las demás estén en alerta. Ante tales fricciones la única solución está en dejar de vigilarse las unas a las otras para levantar los ojos hacia el pastor que las contempla con mirada profunda. Cuando el pastor se hace presente, las rivalidades entre ovejas desaparecen.

¿Y no es eso exactamente lo que nos sucede? Como ovejas del Señor vivimos en santa armonía, hasta que el conflicto se avecina. Los temores no siempre nacen fuera del redil. No todas las veces la falta de paz es culpa de los lobos. A veces es dentro del mismo rebaño donde brotan las tensiones. Un matrimonio tiene grandes desavenencias sobre la crianza de los hijos. Los hermanos se enfrentan y las palabras se malinterpretan. Los creyentes no se ponen de acuerdo y algo cotidiano se transforma de inmediato en una guerra. El pecado surge enturbiando los pensamientos y cada cual defiende su criterio. Cuando el orgullo nos ciega, pensamos que el otro debiera hacer las cosas a mi manera, que mi esposa ha de darme la razón, que mi hermano debería escucharme, considerarme, apreciarme, porque «no hay duda alguna que no hay oveja tan brillante como yo». Cuando dejamos de ver las bendiciones del rebaño para señalar las faltas del hermano, no somos capaces de apreciar la ridícula rivalidad en la que nos hemos metido. El corazón engañoso que late en tu pecho se llena fácilmente de celos, descontentos, envidias y quejas, con tal de defender tus derechos como lanuda oveja.

Cuando el pastor se hace presente, las rivalidades entre ovejas desaparecen.

Entonces es cuando tú y yo necesitamos desesperadamente que el Pastor entre en escena. Al cobrar conciencia de Su presencia entendemos que Su mirada ha estado siempre puesta sobre nosotros. Al ver Sus ojos que nos miran sentimos vergüenza y se deshacen las desavenencias como la niebla acariciada por la luz de la mañana. Examina tu corazón por un instante. Si en el presente discutes con tu hermano, ¿no será porque has dejado de pensar que el Señor te está mirando? Si florecen en tu alma rivalidades y celos, chismes y engaños, ¿no será porque el temor del Señor ha menguado? ¿Acaso lo has olvidado? Deja de mirarte a ti mismo y a tus propios intereses. Deja de mirar a tu hermano y su mala actitud. Levanta la mirada y mira a Jesús. El Señor del rebaño está entre nosotros. Siente Su presencia. Deja que una paz inmensa inunde tu ser y te llene de gozo. Descansa en Él. Él lo ve todo. Él te cuida. Él te observa. Él te guía. Él conoce desde el gesto más pequeño de desprecio hasta la más grande injusticia. Él conoce las heridas más profundas que otros hayan podido causarte, y tú sabes que poniendo sobre Él tu mirada las fricciones terrenales dejarán de angustiarte.

A veces no lo vemos, pero el Señor nunca se aleja. Somos nosotros los que a menudo no queremos verlo prefiriendo contemplar las manchas en la lana ajena. Cuando ponemos sobre Él los ojos, entonces tenemos paz los unos con los otros. El Señor, en Su infinita bondad, promete cuidar de ti con una atención perfecta. Él es quien vela por tu bien y no dejará que tu prueba sea perpetua. El Señor sabe de tu necesidad. Míralo a Él, y no dejes que brote amargura ni desprecio en tu corazón. Míralo a Él, y descansa en Su amor tierno. Míralo a Él, y renuncia a todo sentimiento de venganza. Es tu Pastor eterno el que sana tus heridas y el que hace justicia.

> Yo apacentaré mis ovejas, y yo les daré aprisco, dice Jehová el Señor. Yo buscaré la perdida, y haré volver al redil la descarriada; vendaré la perniquebrada, y fortaleceré la débil; mas a la engordada y a la fuerte destruiré; las apacentaré con justicia (Ezeq. 34:15-16).

El Salmo 23 es un bálsamo refrescante para tu alma. En este salmo puedes ver a las ovejas del Señor recostadas en paz. No hay riñas ni celos. No hay rivalidades ni luchas. ¿No quieres esa paz para tu frágil corazón? ¿No quieres esa paz para tu amada iglesia? ¿No quieres esa paz para tu casa entera? Este es el *shalom* que el Señor te ofrece. Una paz celestial que no podrás alcanzar por tus propias fuerzas, sino que está en manos de tu Pastor eternal. Esta paz que describe el salmo con tanta sencillez no nos alcanza hasta que entendemos que nuestro Pastor está muy presente. El Señor tiene puestos sobre ti Sus ojos. Míralo a Él. A cada momento. Fija tus ojos en Cristo. Que tu mirada se sumerja en la suya y encuentres esa paz que supera todo entendimiento.

Gracias, Señor, porque sé que mirarte a ti es todo lo que necesito.

Confórtame, Señor

1. ¿Das gracias a Dios por aquellos que ha puesto a tu alrededor en tu familia?
2. ¿Eres miembro de una congregación cristiana? ¿Das gracias a Dios por tu iglesia? ¿Estás mirando demasiado los defectos de las ovejas y muy poco al Pastor celestial?
3. ¿Qué fricciones personales estás viviendo en estos días? ¿Qué pecados propios te está mostrando el Señor en medio de la rivalidad?
4. ¿Cómo puedes mirar al Señor y sentir Su paz? ¿Cómo puedes poner las tensiones presentes en Sus manos?

8

Delicados pastos

Yo soy la puerta; el que por mí entrare,
será salvo;
y entrará, y saldrá, y hallará pastos.

Juan 10:9

Al leer este salmo podemos caer en el error de pensar que los verdes pastos se encuentran por casualidad. Necesitamos recordar que el salmista se refiere a los campos de Israel, una tierra por lo general falta de agua, de modo que los verdes pastos deben de ser buscados. En ciertas ocasiones es el mismo pastor el que tiene que lograr esos pastos con su propio trabajo. En tal caso, deberá limpiar el terreno de piedras y troncos, plantar cultivos y regar los campos para que sus ovejas puedan comer aquello que él mismo ha sembrado. Si el rebaño va a pacer en pastos verdes, el pastor tendrá muy presente que hay un gran esfuerzo por delante.[1]

¿Y por qué el pastor se esfuerza en proveer de esta manera? Porque la oveja por sí sola no es capaz de buscar su sustento. No hallaría el

1. Keller, 34.

alimento que la saciara ni el agua que calmara su sed. Es su pastor quien la lleva hacia las aguas tranquilas. Es el pastor quien tiene el deber de conducir a su rebaño hacia los verdes pastos. Las ovejas, al contrario que el camello y otros animales del desierto, necesitan comer y beber con frecuencia. Si su pastor no les provee de lo necesario sus corderos pueden acabar bebiendo de cualquier charco del camino y contaminarse con parásitos. Una oveja enferma y escuálida nos habla de la negligencia del pastor, mientras que una oveja saludable nos anuncia el excelente cuidado de su amo. La oveja del Salmo 23 es la más afortunada de todas. Gracias al colosal trabajo de su pastor puede disfrutar de prados verdes donde alimentarse, y de agua fresca donde saciarse. Puede recostarse a descansar porque su pastor ha provisto de todo lo necesario. Al leer este hermoso salmo vemos de qué manera el pastor cumple a la perfección Su cometido. La oveja del Salmo 23 está satisfecha.

Eso mismo es lo que el Señor hace contigo y conmigo, ¿verdad? Tú y yo, ovejas de Su redil, compartimos la misma suerte que describe el salmista. Dios provee de todo lo necesario para ti, no tan solo en lo material sino también en lo espiritual. El hambre y la sed de tu alma encuentran sosiego en los verdes pastos y las aguas tranquilas a las cuales te lleva el Pastor eterno. Tú y yo podemos exclamar como el Salmista: «¡Nada me faltará!». Nada me faltó, porque Él alimentó mi alma. Nada me está faltando, porque en Él tengo mi reposo. Nada me faltará, porque confío en Sus promesas y sé que lo que dijo lo cumplirá.

Sin duda «nada me faltará» apunta a las necesidades materiales que Dios cubre con Su bondad, pero al mismo tiempo te acerca a la realidad del hambre espiritual que tan solo Él puede saciar. Tal vez has estado buscando alivio para tu corazón hambriento en las muchas cosas que este mundo te quiere ofrecer, en charcos espirituales que prometen saciar la sed pero en realidad enferman el alma. Habrás visto que la fama no sacia. El dinero tampoco. El afecto de las personas es imperfecto. Aunque lo tuvieras todo en este mundo, tu corazón seguiría roto. Solo Dios puede llenar tu alma por completo. Solo Él te provee del sustento perfecto que hace que las inquietudes más profundas se vean calmadas. Ven a Él. Solamente en Cristo tienes el pan de vida que sacia tu ser.

Ven a Él. Solamente en Cristo tienes el pan de vida que sacia tu ser.

> Porque el pan de Dios es aquel que descendió del cielo y da vida al mundo. Le dijeron: Señor, danos siempre este pan. Jesús les dijo: Yo soy el pan de vida; el que a mí viene, nunca tendrá hambre; y el que en mí cree, no tendrá sed jamás (Juan 6:33-35).

Jesús es el pan del cielo. Jesús es el agua de vida. La mujer samaritana que se encontró con Él junto al pozo estaba sedienta. No solo tenía sed física, sino sobre todo espiritual. Bajo el sol del mediodía fue a buscar agua, y allí se encontró con el Mesías cara a cara. Fue tan mayúsculo su gozo que se olvidó el cántaro junto al pozo. De igual manera tú también puedes ver tu alma saciada con el agua viva que Cristo te da. A pesar de los desprecios de la gente. A pesar de los sinsabores de la vida. A pesar de las rupturas sentimentales. A pesar de la búsqueda de sentido incesante. A pesar de lo mucho que has vivido, y sentido, y sufrido, sabes que el agua viva que calma la ardiente sed del alma es tan solo Cristo.

> ...mas el que bebiere del agua que yo le daré, no tendrá sed jamás; sino que el agua que yo le daré será en él una fuente de agua que salte para vida eterna (Juan 4:14).

¡Qué hermosa verdad! Jesús es el tesoro escondido, que al hallarlo ya no queremos tener nada más. Jesús es la perla preciosa, que al obtenerla ya no queremos buscar ninguna otra. Él es el pan de vida que alimenta tu alma y sacia tu hambre interior. Él es el agua viva que calma la sed de tu sediento corazón. Ya no vas a buscar nada más. Cristo, con Su precioso sacrificio en la cruz, se dio a sí mismo como alimento espiritual. Él dijo que comiéramos de Su cuerpo, y bebiéramos de Su sangre, y cada vez que participamos del pan y del vino recordamos que Él es suficiente y que dependemos de Él completamente. Sin duda Cristo es el Pastor que guía tu alma, pero hay una verdad que nos maravilla aún más: Cristo te guía hacia Él. Solo Él llena tu ser. Cristo también es los pastos verdes que sacian tu hambre y las aguas tranquilas que calman tu sed.

El incrédulo, como una oveja errante, continúa buscando dónde satisfacer su sed interior. En su desesperación, no acude a Cristo y acaba sorbiendo de cualquier charco espiritual. El pecador acaba abriendo su corazón a cualquier religión, a cualquier filosofía, a cualquier agua podrida que lleva a las almas a enfermar aún más. Hay quienes procuran calmar su sed en las amistades, en los exóticos viajes, en el dinero o en la fama, en la belleza y la salud. Pero la expresión del salmista es clara. Solo Dios sabe dónde está el agua fresca y limpia que alegra tu corazón. Solo en Él encontrarás reposo para tu alma cansada. Solo Él te guía a pastos verdes que alimentan. Jehová *te pastorea*.

El incrédulo lame las aguas turbias, pero no puede ser así contigo. ¿Dónde busca consuelo tu alma? No busques en otra parte lo que solo te da Cristo. Recuerda el reproche del Señor a Su pueblo, cuando dijo a través del profeta Jeremías:

> Porque dos males ha hecho mi pueblo: me dejaron a mí, fuente de agua viva, y cavaron para sí cisternas, cisternas rotas que no retienen agua (Jer. 2:13).

¡No te alejes del Señor! Él es todo tu sustento. Él es la vid verdadera. Recuerda que separado de Él nada puedes hacer. No te hagas cisternas rotas que no pueden retener el agua ni saciar la sed. Tan solo sigue a tu Pastor celestial. Sigue Su voz. Sigue Sus pasos. Te hará descansar en delicados pastos.

Gracias, Señor, porque solo tú satisfaces el hambre de mi alma.

Confórtame, Señor

1. ¿En qué charcos espirituales has estado bebiendo en el pasado? ¿Qué malestares han traído a tu vida?
2. ¿Cuándo encontraste el verdadero alimento espiritual?
3. ¿Has intentado en algún momento cavar cisternas rotas? ¿Has buscado recientemente alivio fuera de Cristo?
4. ¿Te sientes andando entre delicados pastos? ¿De qué forma Cristo te ha saciado?

9

Junto a aguas de reposo

Venid a mí todos los que estáis
trabajados y cargados,
y yo os haré descansar.

Mateo 11:28

¿Recuerdas? Antes de conocer al Señor, tu corazón estaba profundamente cargado. Pero entonces escuchaste Su invitación sincera. Recuerda cuán necesitado fuiste a Él y encontraste alimento para tu alma y descanso para tu ser. Desde entonces has estado nutriendo tu corazón con la Palabra del Señor que te llena por completo. Ahora puedes exclamar por la gracia de Dios: «Jehová es mi Pastor; nada me faltará. En lugares de delicados pastos me hará descansar; junto a aguas de reposo me pastoreará». Qué inmensa realidad describen estas pocas palabras. La paz que el Señor otorga es perfecta y completa. Una paz que el mundo no puede comprender ni tampoco puede dar. Ahora, con Cristo, ves saciada la sed de tu alma. Tu corazón ha encontrado descanso. Posees la perla de gran precio y tienes un tesoro escondido en un campo. Al fin habitas *junto a aguas de reposo*.

Estas palabras son tan hermosas como a la vez curiosas. Los más grandes teólogos han hecho diferentes lecturas de esta expresión, y en cada una de ellas podemos hallar una inmensa fuente de confianza para nuestros corazones atribulados. *Aguas de reposo* bien pudiera referirse al agua que está en calma y que se halla en el margen de un gran río o de un lago. Si el agua saltara inquieta, la oveja temería beber de ella, pero en aquellos rincones donde la corriente camina serena puede acercarse confiada para saciar su sed y encontrar sosiego. Tu Pastor celestial cuida así de ti. Él sabe muy bien dónde están las aguas de reposo. Te acercará a la orilla del río, donde es fácil beber. Espero que estas letras sean para ti precisamente esto, un silbo dulce y apacible con el cual nuestro Dios fortalezca tu corazón. Déjate llevar por Su amorosa voz. Él te ayudará a refrescarte con Su Palabra y Su Espíritu. En Él encontrarás alivio para tu corazón cansado. Y si tuvieres sed y las aguas a tu alrededor no se quisieran calmar, Él las calmará. El que hizo callar el viento y enmudecer la tempestad puede apaciguar un torrente agitado y hacer que descienda dulcemente hasta donde tú estás.

Aguas de reposo también podría referirse al agua que se hallaba en los lugares de reposo. En su trayecto, el viajero encontraba estanques y oasis que le permitían descansar para cobrar fuerzas antes de retomar su camino. Los pastores que conducían sus rebaños a través de largas distancias tenían muy presente en qué lugares podían detenerse para saciar la sed de sus corderos. Tu Pastor celestial también sabe que tú necesitas descansar. A veces el viaje de la vida parece muy largo, y temes desfallecer. El camino discurre entre parajes áridos y piensas que tu cuerpo y tu alma no lo van a poder soportar. Cuando crees que ya deseas rendirte, el Señor te hace parar en un lugar de reposo donde encuentras agua abundante para tu ser. ¿Acaso no es eso lo que has vivido todos estos años junto a Él? No te ha dejado ni un momento. Caminaba a tu lado. Cuando pensabas que se había olvidado de ti y ya le seguías por inercia, entonces descubrías que en verdad estaba llevando tus pasos hacia el siguiente oasis. Te detenía. Te refrescaba. Lo mirabas con ojos tiernos como diciendo: «Señor, gracias». Recuerda que Él no traerá a tu vida más de lo que puedas soportar. Sabe que tu confianza en Él está siendo puesta a prueba, y tú debes saber que hay hermosos lugares de reposo que aún te esperan.

Pero en esta expresión encontramos una curiosidad. Algo inusual. Al mirar en el original hebreo nos percatamos de algo extraño que se pierde con la traducción. Sería de esperar que leyéramos *aguas de reposo* en singular *(máim-menuhá)* y sin embargo nos encontramos con un plural *(máim-menuhot)*. El rey David no escribe *aguas de reposo* sino más bien *aguas de reposos*. En principio se trata de una expresión sin sentido, algo que aparece en este versículo por primera y última vez en toda la Biblia. Estamos ante una hipérbole, una exageración que el salmista usa a propósito para llamar nuestra atención. Recordemos que en aquel entonces no había muchos recursos para resaltar algo escrito. Hoy día podemos poner un texto en negrita, o en cursiva, o en mayúsculas, o incluso escribir con otros colores y tipos de letras, pero antaño la atención sobre una idea se ganaba tan solo con palabras. El rey David desea resaltar esta frase y por eso la pone en plural para hacerla aún más grande. El rey-pastor quiere que nos detengamos aquí por un instante, y lo ha conseguido. Nos hemos parado a descansar justo donde él quiso. Con esta expresión el salmista nos mueve a reflexionar en el gran poder y perfección de nuestro Dios. Solo el Buen Pastor puede conducirte hasta las *aguas de reposos*.[1]

¿Dónde buscas las aguas serenas? Solo Dios puede darle a tu alma el descanso que anhelas. ¿Puedes aplicar esta medicina celestial a tu corazón? Son muchas las cosas que te preocupan. Son muchas tus cargas y por tanto muchos los reposos que necesitas. Tal vez estés preocupado por tus hijos, por su salud, por sus estudios, por su futuro, por las muchas decisiones que habrán de tomar en la vida. Haz como Job, que clamaba por ellos todos los días, y descansa en los planes de Dios. Por mucho que te llenes de ansiedad no harás de ellos lo que debieran ser. Solo Dios puede transformar sus almas, y solo Dios puede transformar la tuya dándote el sosiego que tanto buscas. Tal vez te preocupe la economía. Te angustias por el trabajo, por las facturas y por aquello que pronto habrás de necesitar. Te preocupa tu futuro y la incertidumbre de los pasos que debes dar. Pero así como te llenas de ansiedad, también sabes que hay cosas que están fuera de tu control. Ora al Señor.

¿Dónde buscas las aguas serenas? Solo Dios puede darle a tu alma el descanso que anhelas.

1. Keil, C. F. & Delitzsch, F. *Commentary on the Old Testament in Ten Volumes.* Vol. V: Psalms (Grand Rapids: Eerdmans, 1986), 208.

Si miras hacia atrás recordarás que Él ha provisto muchas veces para tu vida. También proveerá hoy. Él hizo que los cuervos llevaran pan para Elías. Él hizo que los egipcios entregaran su oro a los hebreos. Él hizo que lloviera maná cada día en el desierto. Él ve tu necesidad. Clama al Señor, y encuentra un reposo sin igual en tu Buen Pastor.

Tal vez no tengas descanso porque te preocupa la más grande de tus deudas. Te preocupa pensar qué será de ti cuando dejes esta vida. Se acerca el día en que tendrás que presentarte ante el trono del Gran Juez, y no tienes quién te ayude y te defienda en esa cita. Quiera el Señor que puedas centrar tu mirada en esa preocupación, porque es la única que tiene su eco en la eternidad. ¿Cómo podrás, siendo pecador, presentarte ante un Dios Santo y recibir Su perdón? Aun entonces, el Pastor celestial es el único que puede darte descanso de verdad. Él puede darte paz ahora y hacerte entrar en Su reposo eterno. Recuerda que Él va delante y las ovejas van detrás. Escucha Su voz y síguela. Sigue a Cristo, y estarás donde Él está. Porque solo Él puede pagar tu rescate comprando tu descanso con el precio de Su sangre.

¿Cuántas aflicciones tienes? ¿Cuántas angustias te rodean? ¿Cuántos *reposos* necesita tu alma? Ven a Cristo. En Él se hallan todos. Solo en Él hay perfecta calma. En Él tendrás descanso para todas las tormentas que te amenazan. Escucha Su dulce voz y aun en la adversidad tu corazón rebosará de gozo. Él te llevará junto a aguas de reposo.

Gracias, Señor, porque en mis muchas inquietudes tú me das descanso.

Confórtame, Señor

1. ¿Cuáles son las cosas que te preocupan y te roban la paz?
2. ¿Qué oasis para el alma ha puesto el Señor en tu camino?
3. ¿Qué respuestas tiene la Palabra del Señor para tu inquietud?
4. ¿Tienes resuelta tu deuda con Dios? ¿Cómo describirías el reposo que el Señor trajo a tu corazón al saber que tu deuda estaba pagada?

10

Confortará mi alma

¡Oh Jehová, Dios de los ejércitos, restáuranos!

Salmo 80:19

El tercer versículo de nuestro precioso salmo nos deja un poco inquietos. Empieza con la expresión «*Confortará mi alma*», y al leer estas palabras una pregunta invade nuestro pensamiento: ¿Si esta oveja está tan bien cuidada, por qué habría de ser *confortada*? Si tiene el alimento necesario, si es protegida por su amo, si es guiada en el buen camino, si no le falta agua, ni refugio, ni guía, ni sustento. ¿Por qué tendría que ser entonces *confortada,* si en manos de su pastor tiene todo el reposo que necesita?

Hay quienes se preguntan lo mismo al mirar de cerca la vida cristiana. Si el cristiano está en las manos del Pastor celestial, ¿es de suponer que su alma nunca atravesará dificultades? Si Dios cuida de ti, ¿significa eso que nunca verás de cerca la necesidad? Sin duda pensar así es un gran error. Hay falsos maestros que apestan a azufre mientras hablan de salud y prosperidad. Lobos vestidos de cordero cuyas palabras seducen a las cabras. Lo cierto es que no hay cristiano que no pueda exclamar: «*Confortará mi alma*». Las angustias son parte de la vida al igual que las alegrías. Recordemos que incluso un gran hombre de Dios como el rey David clamó muchas veces en medio de su profundo malestar:

¿Por qué te abates, oh alma mía,
Y por qué te turbas dentro de mí? (Sal. 42:11a)

David atravesó momentos de gran sufrimiento, pero a la vez que describía su desconcierto también expresaba su incesante confianza en un Dios que siempre responde a sus súplicas:

Espera en Dios; porque aún he de alabarle,
Salvación mía y Dios mío (Sal. 42:11b).

Sabemos así mismo de Ana, que estaba *atribulada de espíritu* delante del Señor, y de cómo Dios escuchó sus ruegos y le concedió un hijo.[1] También Job clamó al Altísimo en su angustia diciendo: «Dios ha enervado mi corazón, y me ha turbado el Omnipotente», y al final del libro leemos que «quitó Jehová la aflicción de Job».[2] El mismo Señor Jesucristo acercándose al momento de Su muerte describe la inmensa tristeza de Su corazón exclamando: «Está turbada mi alma», mas Sus ojos estaban puestos en el cielo y después de darse a Sí mismo el Padre le levantó de entre los muertos.[3]

La expresión «*Confortará mi alma*» te da a entender que dentro del cuidado perfecto que Dios tiene por ti, habrá momentos en los que experimentarás la dificultad y el dolor. Recuerda el pozo en el que fue echado José. Recuerda los leones que rodearon a Daniel. Recuerda la reina que persiguió a Elías. Recuerda la sarna de Job, la soledad de Jeremías, las lágrimas de Marta y María. Es un hecho innegable. Un cristiano se enferma, tiene problemas laborales o sufre el desprecio de sus semejantes. El creyente, aun teniendo una certeza absoluta del cuidado del Señor, observa cómo su *alma se turba dentro de él*. Si no fuera así, jamás llegaríamos a alzar nuestros ojos al cielo pronunciando estas palabras repletas de consuelo: *Confortará mi alma*. Quiera el Señor que una certeza así de grande te embargue. Que aun en medio de la aflicción que estés viviendo en estos momentos, puedas decir con voz serena: «*Venga lo que venga a mi vida,*

1. 1 Samuel 1:15.
2. Job 23:16 y 42:10.
3. Juan 12:27.

sé que será según el sabio designio de Dios, y sé que Él confortará mi alma». Si te faltan las fuerzas, Él te las dará. Si te falta el gozo, Él te lo dará. Si te falta fe, Él te la dará. Si te falta aliento, Dios confortará tu alma.

Las dificultades suelen presentarse sin aviso previo, pero hay ocasiones en las que las buscamos con todo nuestro empeño. A veces somos como Job el justo, y Dios prueba nuestros corazones por medio del dolor, pero en otros momentos somos más bien como Sansón, y siendo fácil presa de nuestros propios deseos pronto descubrimos que las débiles cuerdas se tornan pesadas cadenas. Sea como sea, tus circunstancias presentes están orquestadas por un Dios soberano. Él gobierna sobre todas las cosas. Dios no es el autor del mal, pero emplea la aflicción para acercar a Él tu frágil corazón. Las penas que ahora sobrellevas están dentro de los planes de Dios. Aun en el dolor tu Buen Pastor permanece a tu lado para confortarte. Cuando Jonás fue echado al fondo del mar por aquellos marineros, no les culpó a ellos de su tragedia ni se quedó mirando al pez, ni al viento, ni a la tormenta. Jonás alzando los ojos al cielo le dijo a Dios:

Dios no es el autor del mal, pero emplea la aflicción para acercar a Él tu frágil corazón.

Me echaste a lo profundo, en medio de los mares,
Y me rodeó la corriente;
Todas tus ondas y tus olas pasaron sobre mí (Jon. 2:3).[4]

La expresión *confortará mi alma* tiene perfecto sentido para ti y para mí, porque apunta a la certeza de que Dios tiene en Su haber restaurar todo tu ser. Él te levantará de tu abatimiento, de tu tristeza, de tu dolor, de tu letargo. ¿Pero qué sentido tienen estas palabras para la oveja de este salmo? Recordemos que estamos leyendo unas estrofas compuestas por el rey-pastor que se pone a sí mismo en el lugar de una oveja del Señor. ¿Por qué razón podría decir *confortará mi alma* un cordero? ¿En qué circunstancias tendría que verse para llegar a pronunciar estas palabras?

---

4. Rememorando el Salmo 42.

Aquí nos encontramos de nuevo cara a cara con la gran riqueza del idioma hebreo. La lengua de Israel se caracteriza por tener un vocabulario reducido, en el cual cada término tiene múltiples sentidos. De este modo, es fácil crear juegos de palabras que cautivan nuestra atención. El verbo que el rey David usa aquí para decir *confortará* es el verbo *shub*, el mismo que se usa poco antes en el Salmo 19:7 cuando el salmista afirma que: «la ley de Jehová es perfecta, que *convierte* el alma». El verbo *shub* conlleva la idea de restaurar, reparar, hacer que algo dañado recupere su anterior estado.[5] El mismo verbo aparece en el Salmo 80:19 para hablar de la restauración que el pueblo de Israel necesita: «¡Oh Jehová, Dios de los ejércitos, *restáuranos*! Haz resplandecer tu rostro, y seremos salvos», o en 1 Reyes 17:21-22 cuando el profeta Elías ruega a Dios por el hijo de la viuda: «Y Jehová oyó la voz de Elías, y el alma del niño *volvió* a él, y revivió».

¿No necesitas tú que Dios haga algo así contigo? Como ese niño, te sientes desfallecer y necesitas que tu alma regrese a ti. Como el pueblo de Israel, necesitas ser restaurado a una íntima comunión con tu Creador. Más que nunca sabes que debes acercarte a la Palabra del Señor porque tiene poder para convertir el alma y vivificarte por completo. Tú, como la oveja del Salmo 23, sabes que lo tienes todo en tu Pastor, y que lo pierdes todo al alejarte de Él. Exclama junto al salmista: «*Confortará mi alma*» y espera en Su poder. José fue sacado del pozo y acabó sentado en un trono. Daniel salió ileso del foso y todo el reino dio gloria a su Dios. Job fue restaurado del todo y su estado postrero fue mejor que el primero. Ruega al Pastor de las ovejas que restaure tu vida y te dé una nueva relación con Él, aún más profunda, fresca y viva. Que las pruebas presentes sean fieles mensajeros del cielo para acercar tu corazón al corazón del Maestro.

Gracias, Señor, porque esté donde esté,
tú me restauras.

5. En el Salmo 23:3 vemos la forma *polel* del verbo *shub* «traer», «restaurar», «reparar». En el Salmo 19:7 la forma *hif'il*: «restaurar», «devolver», «convertir».

Confórtame, Señor

1. ¿Puedes unirte al Salmo 42:11 y decir: «¿Por qué te abates, oh alma mía, y por qué te turbas dentro de mí?». ¿Por qué está turbada tu alma?
2. ¿También puedes continuar hacia el final de ese versículo y exclamar: «Espera en Dios, porque aún he de alabarle, salvación mía y Dios mío»?
3. ¿Cómo está usando el Señor las pruebas presentes para acercarte a Él?
4. ¿De qué manera tu Pastor celestial conforta tu alma en el día de hoy?

11

Levántame, Señor

Y me hizo sacar del pozo de la desesperación,
del lodo cenagoso;
Puso mis pies sobre peña, y enderezó mis pasos.

Salmo 40:2

Abraham y su sobrino Lot tenían mucho ganado y necesitaban separarse para que sus siervos no discutieran y todos los animales tuvieran pastos. Desde un monte contemplaron la tierra de Canaán, y Lot escogió morar en el valle verde del Jordán. Era una tierra buena y fértil, pero buscando su propia comodidad Lot acabó acampando junto a Sodoma, una ciudad malvada en gran manera. Dos capítulos después leemos que Dios envía dos ángeles a Sodoma para sacar de allí a Lot y a su familia asiéndoles por las manos. Dios está a punto de hacer descender fuego del cielo para destruir la impiedad, pero antes va a sacar a Lot de esa ciudad.[1]

¿Y no sucede así contigo y conmigo muchas veces? Como Lot, tal vez hayas tomado decisiones necias buscando tu comodidad, y hayas

1. Génesis 17 y 19.

sido presa de tu propia autocomplacencia. Como Lot, tal vez hayas consentido cosas indecibles, y aquellos que te rodean hayan sufrido las consecuencias. La mujer de Lot fue convertida en sal. Sus dos hijas fueron inmorales. La comodidad es como una serpiente que te rodea suavemente para luego apretarte hasta quitarte el aliento. Muchas veces, como Lot, la única solución a nuestra miseria es que Dios te rescate abruptamente de las necias decisiones que tú mismo has tomado.

¿Necesitas que Dios te rescate de tus propias decisiones? ¿Te sientes como una oveja abatida incapaz de ponerse en pie? Hay momentos en la vida de una oveja en los que puede caer al suelo y ser incapaz de levantarse a pesar de sus esfuerzos. Cuando eso sucede, la oveja lucha dando patadas al aire, y si el pastor no se percatara de ello podría permanecer así durante toda la noche hasta fallecer. Cuán importante es para un pastor conocer a sus ovejas y contarlas al retirarse hacia el redil. Al meditar en todo esto cobra aún más sentido la expresión: «*Confortará mi alma*». Significa que mi Pastor celestial se dará cuenta de mi condición, y acudiendo en mi rescate me pondrá de nuevo en pie para salvarme de mi propia destrucción.[2]

Una oveja que cae de espaldas resulta el más indefenso de los animales. El pastor no es el único que busca a la oveja caída. También los depredadores. Cuando el pastor sospecha que una oveja está perdida, sale de inmediato en su auxilio. Esta es la preocupación que Jesús describe en la parábola de Mateo 18:

> ¿Qué os parece? Si un hombre tiene cien ovejas, y se descarría una de ellas, ¿no deja las noventa y nueve y va por los montes a buscar la que se había descarriado? (Mat. 18:12)

¡Esta es la hermosa convicción y la bendita esperanza de la oveja del Salmo 23 cuando exclama: ¡«Confortará mi alma»! *Oh, yo sé que cuando caiga, y no pueda levantarme, mi Buen Pastor saldrá a buscarme. Yo sé que me encontrará. Yo sé que me levantará. Yo sé que me rescatará de aquellos que me quieren devorar. Él me pondrá en pie. Él confortará mi alma.* ¿Es esta tu convicción también? Si siendo

2. Keller, 50.

víctima de tu propia torpeza te alejaras del redil, Él iría por ti. Si siendo tentado por los caprichos de esta vida dejarás el camino, Él iría por ti. Si siendo arrogante te perdieras buscando mejores pastos, Él iría por ti. Si tu debilidad te hiciera resbalar y no supieras ponerte en pie, Él iría por ti. Por muy desamparado que te encontraras, Dios saldría a tu encuentro. ¿Crees esto? Puede que esta sea tu propia experiencia. Que tu hayas sido una oveja descarriada, perdida, una oveja caída que no podía levantarse por sí misma y has contemplado como tu Pastor amado ha salido en tu búsqueda. Puede que aun mientras lees estas letras te sientas como un cordero abatido y quiera el Señor usar estas páginas como instrumento de Su gracia para ponerte de nuevo en pie.

Hay varias razones por las cuales una oveja puede caer y ser incapaz de levantarse. La primera de ellas, es la de Lot. Una oveja puede estar buscando *demasiada comodidad*. Explica Phillip Keller que muchas veces las ovejas exploran dónde es más confortable echarse a descansar, sin saber el riesgo que puede implicar recostarse en cualquier sitio. Puede que la oveja encuentre un lugar mullido, y que se trate de un hueco en el suelo donde las hojas secas han formado una cuna. Convencida de que aquel es el rincón más apropiado, la oveja ingenua se estira a descansar. Las hierbas secas ceden bajo su peso y pronto se ve tan hundida que no se puede incorporar. El mejor descanso se convierte a veces en una trampa mortal.[3]

En cierta ocasión el rey David se vio sumido en esa trampa. En el tiempo que salen los reyes a la guerra prefirió la placidez de su palacio. Tras una larga siesta se encontró paseando en la terraza y desde sus alturas vio a Betsabé que se bañaba. La comodidad de sus aposentos se tornaron en su propia trampa. Hizo venir a Betsabé. Cometió adulterio con ella. La dejó encinta. Mandó matar a su esposo Urías. David escogió la opción más cómoda sin darse cuenta de que la hierba seca cedía.[4] Pero David era una oveja del Señor. Su Pastor celestial no lo dejó a su suerte. Por boca del profeta Natán, Dios confrontó a David con su pecado y llenó su corazón de un sincero quebranto.

---

3. Keller, 56-60.
4. 2 Samuel 11.

Arrepentido, David confesó sus culpas al cielo y escribió este salmo lleno de consuelo:

> Ten piedad de mí, oh Dios, conforme a tu misericordia;
> Conforme a la multitud de tus piedades borra mis rebeliones.
> Lávame más y más de mi maldad,
> Y límpiame de mi pecado...
> Contra ti, contra ti solo he pecado,
> Y he hecho lo malo delante de tus ojos (Sal. 51:1-4).

Así como sucedió con David puede suceder contigo. Vigila tu alma. Que las comodidades que te rodean no se conviertan en una dulce trampa. Vigila que la satisfacción no te conduzca a la autocomplacencia, y que el bienestar no te lleve a la dejadez. Vivimos en una cultura que idolatra el confort. Aunque todos necesitamos el descanso físico, no podemos adormecernos. La prioridad del cristiano no es buscar una vida placentera, sino una vida santa. No escojas lo material por encima de lo espiritual. No busques estabilidad a expensas de la piedad. No comprometas nunca tu conciencia por un beneficio económico. No aceptes un trabajo en una ciudad donde no haya una iglesia sana. La meta en tu vida no es ser esclavo de la satisfacción sino servir con empeño a tu familia y al Señor. David bajó la guardia porque creía que ya había llegado a la meta. Lot fue necio escogiendo el bienestar por encima de la santidad. Tú no te relajes. Vigila tu corazón, no sea que buscando los pastos más verdes pongas tu tienda demasiado cerca de Sodoma.

Vigila tu alma. Que las comodidades que te rodean no se conviertan en una dulce trampa.

En el rincón más cómodo suele ser donde la comodidad te apresa. Huye del lugar más confortable del prado. Disciplina tu alma y sigue caminando a la vez que escuchas la voz de tu Amo. Pero todavía así, aun habiendo caído, recuerda que hay esperanza para el abatido. No flageles tu alma por los errores del pasado. Si eres una oveja del Señor aún en medio de tu aflicción Dios te alcanza y te sustenta. Él enviará a un ángel que te saque de la ciudad de destrucción. Él hablará usando a un Natán que te haga ver tu condición. Tú también puedes exclamar: «¡Levántame, Señor!», y el Pastor celestial que te ama confortará tu alma.

Gracias, Señor, por sacarme del hoyo de la autocomplacencia.

Confórtame, Señor

1. ¿Qué decisiones has tomado de las que ahora te arrepientes?
2. ¿Buscaste demasiada comodidad y ahora te sientes en una trampa? ¿En qué momento antepusiste la felicidad a la santidad?
3. ¿Qué puedes hacer ahora para alejar tu tienda de Sodoma?
4. ¿Qué medios ha usado Dios para sacarte del pozo donde estabas y ponerte de nuevo en pie? ¿Has confesado tus faltas al Señor? ¿Sientes Su perdón? ¿Practicas las disciplinas espirituales?

12

Perder es ganar

Y ciertamente, aun estimo todas
las cosas como pérdida
por la excelencia del conocimiento de
Cristo Jesús, mi Señor.

Filipenses 3:8

Bajo el reinado de David, Dios bendijo grandemente a Israel haciendo de Su pueblo una nación poderosa y temida por sus enemigos. Las riquezas eran innumerables y los hombres de David eran capaces de matar gigantes tan grandes como Goliat. En medio de tanta abundancia David derrotó al rey de Rabá capturando todos sus tesoros y haciendo esclavos. Fue una gran victoria militar por la cual dar gracias a Dios. Una más.[1] Pero la siguiente escena de esta historia nos desvela un gran pecado de David, pues «Satanás se levantó contra Israel, e incitó a David a que hiciese censo de Israel».[2] Aparentemente no hay nada malo en hacer un censo, sin embargo el corazón de David se había llenado de vanagloria. Satanás le incitó a hacer tal cosa. Puso

1. 1 Crónicas 20.
2. 1 Crónicas 21:1-2.

ante él el deseo de saber cuán grande era su ejército para alabarse a sí mismo por ello. La respuesta de su capitán Joab muestra con claridad que tal deseo estaba lleno de arrogancia: «¿Para qué procura mi señor esto, que será para pecado a Israel?».[3]

La vanagloria había invadido el corazón de David. Dios le había bendecido grandemente y todo lo que poseía era mérito de Dios. ¿Por qué entonces había de contar sus soldados? ¿Por qué quería saber el tamaño de sus tropas si era Dios quien le daba las victorias? David se llenó de orgullo al ver la fuerza de su ejército, y contó un millón y medio de guerreros. Su corazón desagradó al Señor y una peste hirió a Israel con tanta fuerza que David perdió setenta mil hombres en tan solo tres días. Su ejército fue reducido a causa de su pecado. Dios disciplina a Sus hijos y sale a su encuentro para enderezar sus pasos. David fue humillado. El Señor humilla a los soberbios, de manera que al verse mermados busquen Su rostro de nuevo. Si la pérdida es en verdad una herramienta de Dios para acercarte a Dios, entonces perder es ganar.

El Señor humilla a los soberbios, de manera que al verse mermados busquen Su rostro de nuevo.

Además de la *comodidad*, también las *bendiciones* pueden ser una razón por la cual una oveja caiga y no se pueda levantar. Un cordero bien alimentado puede engordar demasiado y perder la agilidad necesaria para salvar ciertos obstáculos. Es fácil que una ovejita oronda ruede por el suelo sin poder ponerse en pie de nuevo. Si el pastor sospecha que la gordura de su oveja puede ser un problema, la pondrá a dieta. Reducirá la cantidad de grano que le da, hasta que pierda el peso suficiente como para superar los retos del camino.[4]

En el episodio que antes recordábamos de la vida de David, su gordura le hizo caer. En vez de alabar a Dios por Su inmensa generosidad, se envaneció pensando que había mérito en sí mismo. ¿Y acaso no puede pasar así contigo? ¿Te ha bendecido Dios tanto que tu corazón se ha alejado de Él? Tal vez Dios te ha dado una preciosa familia, riquezas materiales, belleza física, un buen trabajo o un brillante intelecto.

---

3. 1 Crónicas 21:3.
4. Keller, 57-60.

Tal vez tu bendición haya sido tu juventud, o tu profesión, o un impactante ministerio. ¿Te ha dado Dios aquello que tu corazón anhelaba, y ahora en vez de alabar Su nombre pretendes ensalzar el tuyo? A veces pensamos equivocadamente que solo las tentaciones nos pueden hacer flaquear, pero lo cierto es que las bendiciones también pueden convertirse en una trampa mortal. ¿Pesan tanto las bondades de Dios en tu vida que tu corazón se ha llenado de vanidad? ¿Ha sido tan bueno el Señor contigo que ahora buscas refugio en lo que Él te ha provisto? ¿Ha de secar tu calabacera por completo para que levantes los ojos al cielo? Pídele al Pastor celestial que te conceda la bendición de un corazón contrito y te ponga de nuevo sobre tus pies. Recibe con humildad Su corrección y mantente dispuesto a perder lo que Él te ha dado. Si la pérdida te acerca a Él de verdad, entonces perder es ganar.

Los corderos muy gruesos pueden ser puestos a dieta, y del mismo modo las ovejas que acumulan mucha lana deben ser trasquiladas. Todas ellas se han de rapar cuando es el momento adecuado, pero si el pastor es descuidado la lana puede crecer mucho haciéndoles llevar demasiado peso. En esos casos el problema no es tan solo el bagaje de unos incómodos mechones largos, sino también la hojarasca y el barro que con el tiempo se enredan en la abundante lana. Todo ello aumenta el peso de la oveja y hace que sea más propensa a caer.

Del mismo modo, como oveja del Señor, tú también acumulas sobre tu alma muchas cosas. En tu andadura terrenal has ido sumando ideas, filosofías, amistades, costumbres, temores, conceptos que se apelotonan en tu corazón limitando tu libertad. Hay tanto sobre ti, que casi no puedes caminar. Las cosas de la vida se van sumando como el barro y la hojarasca sobre la oveja lanuda, y pronto llega el día en que tu equipaje te hace caer y rodar y no deja que te levantes.

Así sucedió con Salomón, quien sumó riquezas, sabiduría y entendimiento. Dios lo bendijo con un conocimiento inusual, pero no solo atesoró lo bueno, sino que hizo también pacto con otros pueblos y se casó con las hijas de los reyes paganos. Por la influencia de sus esposas, Salomón acumuló sobre sí las ideas de todas ellas, y al final de sus días sus mujeres inclinaron su corazón tras dioses ajenos.[5] *Inclinaron*

---

5. 1 Reyes 11:1-4.

su corazón. Qué expresión. Las ideas eran tantas que el peso de todas ellas torcían su alma. Vigila que no suceda así contigo. ¿Cuáles son tus influencias? ¿Qué es lo que tiene peso sobre tu conciencia? ¿A quiénes escuchas? ¿A quiénes preguntas? ¿Quién te aconseja? ¿Será que hay algo que está «inclinando tu corazón» en la dirección incorrecta? No caigas en el error de pensar que nada te afecta, que puedes leer cualquier cosa, ver cualquier cosa, tener cualquier amigo y estar en cualquier sitio. No caigas en el error de pensar que los demás son muy influenciables pero tú eres firme como una roca. Un cristiano vigila sus amistades, vigila sus conversaciones, vigila lo que ve en televisión, vigila lo que lee, vigila lo que escucha porque desconfía aun de su propio corazón.[6]

Puede que lleves ya mucho tiempo añadiendo cosas sobre tu alma que no son agradables ante el Señor. Si te convirtieras ahora mismo en un cordero, tal vez sería difícil verte la cara por tanta lana y hojarasca acumulada a tu alrededor. Puede que ya hayas caído muchas veces en el camino por el peso que tienen las ideas del mundo sobre ti. Si es así, pídele al Señor con todas tus fuerzas que te restaure, que te ponga de nuevo en pie, y que trasquile tu alma. ¿Has visto lo feas que se ven las ovejas después de haber sido rapadas? Parecen estar desnudas ante la mirada de su amo. Quiera hacer eso mismo el Señor contigo. Dile en este mismo día: «¡Oh, Señor! ¡Trasquila mi alma! ¡Quiero despojarme de todo! ¡De todo lo que me aleja de ti! De todos mis pensamientos, mis ideas, mis influencias, mis amistades, mis ídolos secretos que me torturan, mis pecados ocultos que me amargan, mis prejuicios, mis temores, mis excusas. Al fin y al cabo, quiero dejar atrás mi miseria y conservar lo único que merece la pena. ¡Trasquila mi alma, Señor! Para quedar desnudo delante de tu mirada, y para que al fin estemos solos tú y yo! Quita de mí todo lo que me aleja de ti, Señor».

Gracias, Señor, por darme y por quitarme.
No dejes que nunca de ti me aparte.

---

6. Mateo 15:11.

Confórtame, Señor

1. ¿Puedes enumerar todas las bendiciones de Dios en tu vida?
2. ¿Crees que alguna de ellas te ha alejado del Señor? ¿Cómo?
3. ¿Qué influencias has de trasquilar de tu vida hoy mismo porque ves que están enfriando tu corazón y alejándote del Señor?
4. ¿De qué manera puedes decir ahora mismo que *perder es ganar*? ¿Qué está arrancando el Señor de ti para acercarte más a Él?

13

¿Por qué me amas?

Oye, Señor; oh Señor, perdona; presta oído, Señor, y hazlo;
no tardes, por amor de ti mismo, Dios mío.

Daniel 9:19

El Señor es tu Pastor, y Él guía tus pasos siempre. El camino por el que te lleva es bueno y es el que te conviene. Te acerca a las aguas tranquilas. Te lleva a los pastos más verdes. Las *sendas de justicia* por las que te conduce no es todo aquello que a ti te parece recto sino aquello que a Sus ojos es bueno.[1] Recuerda que «hay camino que al hombre le parece derecho; pero su fin es camino de muerte».[2] No son las ovejas, sino el Pastor, quien va al frente. Sin duda las *sendas de justicia* por las que transitamos son un camino de pureza y santidad, pero la expresión tiene otras aplicaciones prácticas para la vida de una oveja.

Sendas de justicia puede ser traducido también como *caminos rectos*, no solo en un sentido moral, sino describiendo los caminos fáciles de transitar. Dios no guía a Sus corderos por tortuosos vericuetos.

1. Isaías 55:8-9.
2. Proverbios 14:12.

Las cabras andan por los peñascos pero Dios pastorea a Sus ovejas por terrenos llanos. Nuestro Pastor conoce el camino más sencillo para que aquellos que siguen Su voz sinceramente lo puedan hacer sin perderse. Así es como te guía a ti tu Pastor celestial. ¿Lo ves? No te lo pone difícil. No te mete en tentaciones. No te pone a prueba caprichosamente. Seguirle a Él no es una carrera de obstáculos sino un peregrinaje a través de laderas y prados siguiendo Su llamado. Seguirle a Él supone renuncia y entrega, pero también confianza y fe. El camino parece abrupto justo antes de vencer tu orgullo, pero ves que es muy fácil después. Él ya nos lo dijo:

> Llevad mi yugo sobre vosotros, y aprended de mí, que soy manso y humilde de corazón; y hallaréis descanso para vuestras almas; porque mi yugo es fácil, y ligera mi carga (Mat. 11:29-30).

Las *sendas de justicia* son sendas fáciles de andar, pero además aprendemos que al caminar siempre recto nuestra alma se alimenta de verdad. Lo peor que un pastor puede hacer por su rebaño es guiarlo en círculos. Si las ovejas pacen una y otra vez en el mismo terreno el pasto se empobrece y sus bocas nunca encuentran alimento suficiente. El Pastor del Salmo 23 no comete tal error. Es excelente en Su labor. Él nos guía siempre hacia adelante, para que hallemos la hierba verde que va creciendo frente a nosotros. Él nos guía *por sendas de justicia*, por un camino recto y puro en el cual nos sentimos cuidados y alimentados.

¿Ves esta verdad en tu vida? ¿Cuántas veces el Pastor ha salido a tu encuentro para encaminar tus pasos? El Señor te buscó cuando estabas perdido. Te alcanzaron Sus misericordias, te puso en pie, te hizo andar por el camino recto, te condujo a pastos verdes, te acercó a las aguas de reposo.[3] Él te trasquila, te alienta, te protege, te alimenta, y después de meditar en todo lo que hace por ti, un interrogante inmenso llena tu mente: ¿Por qué lo haces, Señor? ¿Por qué me guías y me levantas y me sustentas? ¿Por qué te tomas conmigo tantas molestias? El salmista sabe que te ibas a hacer esa pregunta, y te sirve la respuesta en bandeja: «Confortará mi alma; me guiará por sendas de justicia *por amor de su nombre*».

---

3. Proverbios 16:9.

El salmo nos lo dice. De forma natural no hubiéramos caído en la cuenta. Si te preguntara: «¿Por qué Dios te pastorea?», seguramente me dirías: «Porque me ama», y es cierto. Dios te cuida porque te ama, pero aun así sería una respuesta incompleta porque podría preguntarte de nuevo: «¿Y por qué te ama?», a lo que seguramente responderías: «Porque soy valioso para Él». Y de nuevo es cierto. Para Él tienes un valioso precio, pero otra vez no habrías contestado del todo y volvería a decirte: «¿Y por qué eres valioso para Él?», a lo que finalmente no tendrías más remedio que responder: «Porque Él así lo ha querido». Y yo te diría: «Amén».

¡Así es! ¡Al final solo encuentras una respuesta plena cuando reconoces que la causa última es Dios! Él es el centro de todo y Él es la causa final. Dios hace todo lo que hace para la gloria de Dios. Él formó las grandes galaxias para Su gloria y Él creó las flores más diminutas para Su gloria. Él trazó un hermoso plan de salvación para Su gloria y pastorea tu pequeño corazón para Su gloria. En Su labor, muestra Sus virtudes hermosas y despliega Sus atributos para Su gloria. Dios da a conocer cada día Su poder en tu vida *por amor de Su nombre*.

Cuando nos embarcamos en un gran reto nos impulsa algo que motiva nuestros esfuerzos. Nos mueve una razón mayor que nuestra propia existencia. Hay quienes llevan a cabo grandes proezas en servicio a su patria. Trabajamos cada día por amor a nuestra familia. Servimos con tesón a la Iglesia por la causa del evangelio. Sin duda, necesitamos poner los ojos en algo más grande que nosotros mismos para impulsar nuestros corazones y de entre todas las grandes razones, la mayor de todas es Dios. Hay hermanos nuestros que han entregado la vida por amor a Cristo. Él es la razón máxima por la cual vivir y por la cual morir. Es para la gloria de Dios que cada día brilla el sol. Pero entonces nos preguntamos, ¿en qué gran causa podría Dios poner Su mirada para mover Su propio corazón si no hay nada más grande que Dios? No hay respuesta a esta pregunta fuera de Él. El Creador del universo no puede hacer nada por una causa mayor que sí mismo. Nos equivocamos al pensar que merecemos de algún modo Su favor. Su gran misericordia, expresada en Sus muchas bendiciones, procede enteramente de Su soberana bondad. Dios hace todo lo que hace movido por amor a Dios. Él es lo más excelso. Él es lo más sublime. Dios se deleita en Dios, y así mismo se deleita en que nos deleitemos en Él.

¡Por eso te cuida y te protege! ¡Por eso se toma tantas molestias contigo! Porque ama Su gloria y busca que lo busques. Él quiere manifestar Su poder en tu vida, como el artista que se recrea con su pincel. Dios despliega en ti Sus coloridos atributos para que el mundo se asombre al ver Su gracia, Su ternura, Su paciencia, y Su bondad en el lienzo de tu vida. Tú eres la tela. Él es el pintor. El valor no está en el lienzo, sino en Aquel que lo firmó. Eres posesión suya. Te ha comprado, y habiendo puesto Su sello en tu alma es la gloria de Su nombre la que mueve Sus acciones. Dios te pastorea por amor de Su nombre.

Tú eres la tela. Él es el pintor. El valor no está en el lienzo, sino en Aquel que lo firmó.

En los primeros versos de este hermoso salmo el rey David perfila a grandes rasgos los tremendos beneficios que recibe bajo el cuidado de su Pastor. Como rebaño del Señor somos objeto de Su bondad, pero todo el mérito reside en Él. Cuando Jehová sacó a Su pueblo de Egipto, Israel se olvidó muy pronto del favor del Señor. Todavía no había descendido Moisés del monte y los hebreos ya estaban adorando un becerro de oro. Ante tanta impiedad, Dios prometió a Moisés que destruiría a Israel para darle otra nación, pero Moisés abogó por ellos. Los argumentos que Moisés dio son impactantes. No rogó por la vida de los hebreos, sino por la gloria de Jehová mismo. «¿Por qué han de hablar los egipcios, diciendo: Para mal los sacó, para matarlos en los montes, y para raerlos de sobre la faz de la tierra?».[4] Moisés suplica a Dios que glorifique Su nombre y por amor a sí mismo lleve a cabo Sus planes con Su pueblo. Si así actuó el Señor con Israel a pesar de su rebeldía, ¿qué crees que hará contigo? Ha empezado una obra en ti. Dios acaba lo que empieza. Su gracia inmerecida brillará en tu vida a pesar de tu torpeza. Su amor nunca te dejará. Qué descanso halla tu alma en esta verdad. No es por ti, sino por Él, y como Él no cambia nunca, lo que ha prometido cumplirá.

4. Éxodo 32:12.

Gracias, Señor, por cumplir en mí tus promesas por amor de tu nombre.

Confórtame, Señor

1. ¿Sientes cómo el Señor te conduce por un camino fácil de transitar?
2. ¿De qué manera tu propia opinión te ha llevado por caminos abruptos?
3. ¿Cómo ha intervenido el Señor en tu vida para enderezar tus pasos?
4. ¿Qué paz y certeza sientes al pensar que Dios te cuida por amor de Su nombre? ¿De qué manera te mueve a ti también el amor por la gloria de Dios?

14

Tú

A ti alcé mis ojos,
A ti que habitas en los cielos.

Salmo 123:1

Con la meditación de hoy cruzamos el ecuador de este precioso salmo. Reposamos por un momento en el corazón de estos versos, y nos situamos al mismo tiempo a la mitad de la temporada de trabajo de un pastor. La primera parte del salmo describe el cuidado que el pastor tiene por su rebaño durante los meses de primavera y verano, cuando las ovejas pastan en el monte bajo la atenta mirada de su protector. Ahora, en esta segunda mitad del salmo en la que nos adentramos, se nos da a entender que el otoño ya se deja sentir y el pastor ha de emprender el camino de descenso para resguardar del frío a su rebaño. Por eso en el versículo 4 nos encontramos cruzando un valle, uno de los muchos que el pastor conoce para descender del monte.

A partir de aquí descendemos. Descendemos por valles profundos en busca del refugio perfecto que se encuentra en la casa del pastor. Pero ese descenso no es la única novedad que introducen estos versos. En la segunda mitad de este salmo cambia el lenguaje empleado. No solo tenemos a una oveja que desciende del monte mientras el otoño apremia. No solo vemos a una oveja caminando por un valle para dejar atrás las primeras nieves. Aquí encontramos también a una oveja que por primera vez le habla directamente a su amo. Hasta ahora la oveja de nuestro salmo había estado alardeando de lo maravilloso que era su pastor, lo excelente que era su cuidado y lo perfecta que era su protección:

[El Señor] es mi pastor; nada me faltará.
En lugares de delicados pastos me hará descansar;
Junto a aguas de reposo me pastoreará.
Confortará mi alma;
Me guiará por sendas de justicia por amor de su nombre...

Pero el versículo 4 da un giro inesperado y este cordero deja de hablar *sobre* su pastor para empezar a hablar *con* su pastor. Es como si en este punto del relato el pequeño cordero girara su cabecita a un lado y levantando la mirada le dijera a su amo:

Aunque ande en valle de sombra de muerte,
No temeré mal alguno, porque tú estarás conmigo;
Tu vara y tu cayado me infundirán aliento.

Qué hermoso pensamiento. Tú puedes hacer eso mismo, y levantando tu mirada hablar con el Señor cara a cara: «¡Tú estás conmigo! ¡No voy a temer nada a lo largo del camino!». ¿Puedes decirle esto al Señor? ¿Tienes la certeza de que Él te acompaña? ¿Sabes que está hoy a tu lado? Él fue a buscarte, como el pastor a la oveja perdida. Él apacienta Sus corderos, como también hizo el rey David cuando era joven. Todo este salmo es, en esencia, un grato recuerdo de las vivencias de David como pastor de ovejas. Cuando era joven fue llamado por Samuel porque Dios le había dicho al profeta que uno de los hijos de Isaí iba a ser ungido como rey de Israel. Isaí le mostró sus hijos, de mayor a menor, a lo que Samuel respondió:

> Jehová no ha elegido a estos. Entonces dijo Samuel a Isaí: ¿Son estos todos tus hijos? Y él respondió: Queda aún el menor, que apacienta las ovejas. Y dijo Samuel a Isaí: Envía por él, porque no nos sentaremos a la mesa hasta que él venga aquí. Envió, pues, por él, y le hizo entrar; y era rubio, hermoso de ojos, y de buen parecer. Entonces Jehová dijo: Levántate y úngelo, porque este es. Y Samuel tomó el cuerno del aceite, y lo ungió en medio de

> sus hermanos; y desde aquel día en adelante el Espíritu de Jehová vino sobre David (1 Sam. 16:10-13).

En aquel tiempo era costumbre que el hijo menor cuidara del rebaño hasta tener la edad necesaria para otros trabajos. En el relato anterior vemos que David no está con su padre porque estaba cuidando de las ovejas. Samuel pregunta por él, y deben salir a su encuentro. No está presente, pero no está perdido. Está en el lugar correcto, porque la labor encomendada por su padre era estar cerca del rebaño. El paralelismo con la vida de Jesús es simplemente asombroso. A una edad parecida, José y María le pierden la pista. Sus padres lo buscan, y lo encuentran en el templo conversando con la gente. Pensaban que se había perdido, pero Jesús sabía que estaba en el lugar en que debía estar. Los doctores de la ley se sorprendían maravillados de Su inteligencia y Jesús enseñaba las Escrituras en el Templo.

> Cuando le vieron, se sorprendieron; y le dijo su madre: Hijo, ¿por qué nos has hecho así? He aquí, tu padre y yo te hemos buscado con angustia. Entonces él les dijo: ¿Por qué me buscabais? ¿No sabíais que en los negocios de mi Padre me es necesario estar? Mas ellos no entendieron las palabras que les habló (Luc. 2:48-50).

Jesús es el Hijo amado que ha sido enviado a cuidar del rebaño. Jesús es el Hijo fiel que atiende los negocios de Su Padre. Jesús es Dios mismo viniendo desde los cielos para predicar la verdad y así reunir un rebaño de toda lengua y nación. Así como David estaba con sus corderos, Jesús vino a buscarnos a nosotros. Viendo nuestra necesidad quiso estar a nuestro lado. Como el cordero del Salmo 23, tú también hoy puedes levantar la mirada y descubrir que Él está contigo.

Casi podemos ver el brillo en los ojos de ese corderito. Es una mirada llena de ternura y necesidad, como la de un niño que se acerca a su padre sosteniendo en sus manos un juguete roto. La voz cambia el tono por uno más cálido. El volumen se torna dulce y moderado. Las palabras fluyen en un diálogo privado. El cordero no habla a la gente, sino a su pastor amado. Es algo entre dos. Por primera vez oímos un «tú» en estas estrofas. El discurso ahora es íntimo, personal, cercano. Como espías improvisados estamos escuchando una conversación secreta entre la oveja y su amo.

Esta segunda parte del poema está en segunda persona. La oveja no quiere tan solo expresar que su pastor está a su lado sino sentirlo muy cerca. Lo podríamos decir de otro modo: En el versículo 4 la oveja de nuestro salmo deja de *predicar* las maravillas de su pastor para empezar a *orar* a su pastor amado. Aquí hallamos dos ingredientes básicos de la vida espiritual: Predicación y oración. Que hermoso balance hay entre las dos. Anunciamos lo maravilloso que es nuestro Pastor celestial porque lo conocemos, y cuanto más le damos a conocer más deseosos estamos de conocerlo. Que sea así contigo. Que tu corazón lata por gustar más de Su presencia y tus labios no puedan callar Su grandeza. Oración y predicación. Predicación y oración. Ambas crecen juntas. Ambas satisfacen a nuestro Amo. Habla mucho de tu Pastor, y habla mucho con tu Pastor. Habla de Él a tus hijos, a tus amigos, a tus hermanos. Habla de Él desde el púlpito, en la fábrica, o mientras estés cenando. Habla de Él en la universidad, en la iglesia o en la calle. Habla de Él, pero no te olvides nunca de hablar *con* Él. Haz como esta oveja. Levanta la mirada y dile con voz tierna: «No temeré mal alguno, porque *tú* estarás conmigo».

Que tu corazón lata por gustar más de Su presencia y tus labios no puedan callar Su grandeza.

Gracias, Señor, porque habiendo estado yo tan lejos, ahora tú andas a mi lado.

Confórtame, Señor

1. ¿Con quiénes hablas de lo maravilloso que es tu pastor celestial? ¿Qué virtudes destacas de Él?
2. ¿Le dices a Él también lo maravilloso que es para ti? ¿Por qué crees que no se lo expresas como debieras?
3. ¿Le has agradecido que saliera a tu encuentro? ¿Sientes Su cercanía?
4. ¿Cómo está actualmente tu vida de oración?

15

Al cruzar el valle

Estamos atribulados en todo,
mas no angustiados;
en apuros, mas no desesperados;
perseguidos, mas no desamparados;
derribados, pero no destruidos.

2 Corintios 4:8-9

Cuando subes una montaña sientes que el firmamento está un poco más cerca. Quisieras acariciar las nubes con las manos y parece que las aves volaran sobre tu cabeza. En las Escrituras los montes expresan una cercanía especial con Dios. Recordemos que Moisés conversó con Jehová en lo alto del Monte Horeb. Elías ofreció holocaustos en la cima del Carmelo. Abraham ascendió al Monte Moriah para sacrificar a su hijo Isaac. Jesús subía a Getsemaní para orar. Es como si los montes estuvieran más cerca del cielo, y por ende los valles estuvieran más lejos. Los valles representan las dificultades que puede traer la vida a causa del pecado, la maldad y el dolor. Recordemos las muchas batallas libradas en el Valle de Jezreel. Recordemos al profeta Ezequiel en el valle de los huesos secos. Recordemos el Valle de la Gehenna a las afueras de Jerusalén. El valle ilustra las duras pruebas por las cuales hemos de descender. En el Salmo 23 nos encontramos con la descripción de una tremenda realidad, la de que todas las ovejas del Señor, a pesar de Sus excelentes cuidados, en un momento u otro tienen valles por cruzar.

La oveja de nuestro salmo fija sus ojos sobre su pastor. Sabe que es su perfecto cuidador. Ha iniciado una hermosa conversación con Él, y a simple vista no hay nada más que añadir. Los primeros compases de este hermoso salmo ya han descrito lo completo que es Su cuidado. Como oveja, David tiene todo lo que pudiera desear. Le rodean las atenciones de su Pastor celestial. Él siempre lo guía, en su necesidad lo alimenta, lo levanta cuando cae, lo conduce por el camino en que debe andar. ¿Acaso puede haber algo más? ¿Puede ser Su cuidado más excelente, más sublime, más perfecto? ¿Hay alguna alabanza más por entonar? ¡Pues sí, en efecto! ¡El cuidado perfecto del Buen Pastor puede deslumbrarnos aún más! De hecho el versículo 4 empieza con un término hebreo muy difícil de traducir, la palabra *gam*. Es tan complejo encontrar su equivalente que simplemente no aparece en nuestro texto. La partícula *gam* comunica la idea de «además», «aún más», y tiene la intención de resaltar todo el contenido de la frase que viene justo detrás. Es como si el rey David escribiera en mayúsculas para destacar esta expresión tanto como le fuera posible: *Mi pastor me cuida, mi pastor me conforta, mi pastor me restaura, pero... ¡Escucha! ¡Además de todo ello! Aunque ande en valle de sombra de muerte, no temeré mal alguno...*

Lo que vemos aquí descrito es locura para el mundo. Allá donde el incrédulo vive acosado por la desesperación, el creyente puede proseguir lleno de confianza. El mundo mira la serenidad del cristiano, e interpreta su paz como locura. Dicen los filisteos que no es normal la calma de los hebreos. Dicen que nos han lavado el cerebro, cuando en realidad nos han lavado el corazón. Esto es lo que sucede con tu alma y con la mía cuando nuestra confianza reposa en Dios. Su cuidado es sublime. En los valles más sombríos puedes estar confiado sabiendo que cada valle está dentro de Su cuidado. Aun en los días más difíciles de tu vida puedes caminar serenamente por la senda marcada. ¡Mira

En los valles más sombríos puedes estar confiado sabiendo que cada valle está dentro de Su cuidado.

a Daniel orando al Señor rodeado de leones! ¡Recuerda a Jonás entonando salmos desde el fondo del mar! ¡Escucha a Pablo y Silas cantando himnos en su celda! No hay nada que temer. Ya sea que nos acechen enfermedades, dolores, pruebas, luchas, tentaciones, necesidades o traiciones, la oveja del Señor puede continuar caminando serena con esa paz que Él nos da y que el mundo jamás comprenderá.

La oveja de nuestro salmo ahora desciende por un valle. Tal vez tú también te sientas descendiendo por uno. Un valle amargo se extiende ante ti y debes cruzarlo. Hace muy poco te habías sentido exultante en las alturas de un monte, estabas reposando junto a aguas tranquilas y yaciendo sobre verdes pastos, y ahora te ves a ti mismo cuesta abajo para atravesar un valle profundo y desconocido. No sabes muy bien hacia dónde ir. Es oscuro. No puedes ver bien, pero te aferras a la promesa de Su compañía sabiendo que Él está contigo. Mientras caminas por los valles de esta vida experimentas dolor y tristeza, pero tu confianza está en tu Buen Pastor y en la verdad imborrable de que Él camina junto a ti por el valle en el que ahora te encuentras. Tú también, como el salmista, puedes exclamar con una milagrosa serenidad: «No temeré mal alguno, porque tú estarás conmigo».

Puede parecer muy evidente, pero nos es necesario recalcar que la oveja de este pasaje *anda*. Las palabras del salmista son claras: *aunque ande en valle...* Esta oveja no corre. No salta. No se arrastra. No ha caído desmayada. *Anda*. Y así mismo sucede contigo en los valles de la adversidad. Sabes que perteneces a Cristo y por tanto puedes *andar* a través de las muchas pruebas que aparecen en tu camino. El cristiano no *corre* despavorido cuando las dificultades lo sorprenden. Tampoco permanece inmóvil ni se *queda* dentro de ellas. No hay en esta vida trance tan agudo que haga huir a una oveja del Señor ni temor tan intenso que la haga desfallecer por completo. En medio de los retos no enloquecemos, sino que recibimos de nuestro Pastor celestial esa bendita serenidad que nos permite *andar*. El rey de Babilonia vio cuatro jóvenes dentro del horno ardiente, y uno de ellos tenía aspecto celestial y se paseaba por en medio las llamas. Nuestro Buen Pastor *anda* aun en medio del más grande tormento, y nosotros Sus corderos seguimos Sus pisadas andando por en medio del fuego. Medita en este precioso pensamiento. Con el poder de Cristo no eres vencido por las adversidades, sino que andando a través de ellas cruzas cualquier valle por oscuro que parezca.

Con el poder de Cristo eres capaz de *andar*. Los valles de esta vida son conquistados con paso firme y diligente. Te alienta la grata certeza de Su compañía perfecta. Tu Pastor te guía a través de los valles más profundos, ¿y sabes una paradoja? Resulta sorprendente, pero muchas veces en lo profundo de los valles más recónditos es donde se encuentran los pastos más verdes y el agua más fresca. Así sucede contigo también en medio de la aflicción que estás viviendo. Si pudiéramos escoger preferiríamos estar en lo alto de un monte, donde nos acariciara el sol y gozásemos de su luz clara. Pero el Señor muchas veces nos conduce a través de valles profundos, sabiendo que en esos momentos sombríos vamos a poder saborear de pastos que de otra manera no hubiésemos conocido. Aun en las pruebas, el Señor Jesucristo no te suelta de Su mano. En momentos así puedes sentir Su compañía más cerca todavía y paladear Su gracia como nunca antes la hubieras gustado. Él te guía a través de las dificultades porque donde encuentras más consuelo, más aliento y más sustento es sin duda al cruzar los valles.[1]

Gracias, Señor, porque siento tu cuidado aun en el valle que estoy cruzando.

Confórtame, Señor

1. ¿Te sientes ahora mismo atravesando algún valle oscuro? ¿Cómo lo describirías?
2. ¿Sientes la providencia de Dios guiando tus pasos?
3. ¿Qué haces en medio del valle que ahora atraviesas? ¿Corres, desmayas o andas?
4. ¿De qué manera las pruebas que enfrentas están acercándote al Señor? ¿Qué nuevos pastos estás saboreando? ¿Qué agua fresca has encontrado?

---

1. Keller, 78-79.

16

Tsalmavet

Mi rostro está inflamado con el lloro,
Y mis párpados entenebrecidos.

Job 16:16

Si estás sentado esperando a alguien con ilusión, su sombra es un grato preludio de su llegada. Se acerca. Detiene la luz del sol. Deja tu rostro a oscuras. Te hace saber sin palabras que ya está aquí. Si se trata de un amigo, su sombra está anunciando alegría, pero la sombra de un adversario anuncia desdicha. El salmista describe esta sensación en el versículo 4 al referirse al más oscuro de los valles como un «valle de sombra de muerte». Es indescriptible la angustia que el alma siente cuando percibe que la muerte derrama su oscuridad sobre ti como la sombra del halcón sobre su presa. Un sentimiento de peligro desconocido te envuelve y una tristeza inmensa te paraliza.

El Salmo 23 expresa con claridad las amenazas a las cuales nos tendremos que enfrentar. El salmista está convencido de la existencia de grandes retos, pero está más convencido aún del cuidado de su Pastor eterno. Sabemos que no siempre podremos recostarnos en verdes pastos ni saciar la sed plácidamente. Sabemos que el Señor nos cuida, y a la vez que tendremos que cruzar lóbregos valles. En el camino de la vida hay momentos tenebrosos. Son muchos los que habremos de cruzar. Valles de enfermedad, de desánimo, de lágrimas. Pero el valle al cual este pasaje señala tiene un nombre propio. La oscuridad más profunda que pueda soportar el alma se llama *Tsalmavet*, el valle *de sombra de muerte*. ¿Qué clase de peligro es este? El término hebreo que traducimos como «sombra de muerte» se pudiera describir como unas *tinieblas muy profundas*, una *profunda oscuridad*, una *profunda tristeza* o un *peligro muy extremo*. No apunta a las dificultades de la vida en general sino a la más amarga de todas las pruebas. ¿Has estado alguna vez ahí? La calamidad es muy grande. Una silueta de túnica negra llama a tu puerta con su puño descarnado y muestra el brillo de su afilada guadaña. Sientes tan de cerca su angustia que aún no has muerto pero sientes estar muriendo.

La expresión «sombra de muerte» aparece tan solo tres veces más en los salmos y cuatro veces en los libros proféticos. Isaías, Jeremías y Amós usan el término para describir un profundo dolor.[1] Pero además de estas ocurrencias vemos que *tsalmavet* aparece hasta diez veces en un libro que describe con suma claridad esta angustia: el libro de Job.[2] En sus muchas aflicciones, Job probó el amargo sabor de la muerte. Cuando flaquean las fuerzas, cuando se entristece el ánimo, cuando la esperanza se marchita como una flor sedienta, entonces andamos por un valle de una oscuridad sin igual.

> ¿Por qué me sacaste de la matriz?
> Hubiera yo expirado, y ningún ojo me habría visto.
> Fuera como si nunca hubiera existido,
> Llevado del vientre a la sepultura.
> ¿No son pocos mis días?
> Cesa, pues, y déjame, para que me consuele un poco,
> Antes que vaya para no volver,
> A la tierra de tinieblas y de *sombra de muerte*;
> Tierra de oscuridad, lóbrega,

---

1. En los Salmos 44:19-20; 107:10 y 107:14. En los profetas aparece en Isaías 9:1-2; Jeremías 2:6 y 13:16 y Amós 5:8.
2. Job 3:5; 10:21,22; 12:22; 16:16; dos veces en 24:17; 28:3; 34:22; y 38:17.

Como *sombra de muerte* y sin orden,
Y cuya luz es como densas tinieblas. (Job 10:18-22)

También en Job 16:16, cuando se nos describen sus «párpados entenebrecidos», la expresión bien se podría traducir «sobre mis párpados hay sombra de muerte». El sentido de estas palabras queda cristalizado en la experiencia de Job. El *valle de sombra de muerte* al que se refiere el salmista es la tristeza más profunda que se pueda experimentar. La angustia más punzante. La pena más pesada. Una sombra que invade cada rincón del alma.

Pero no te quedes tan solo con el espanto del adversario. ¿Puedes ver lo grande que es la confianza del salmista? Describe la fealdad de la amenaza para que te sorprendas con la fuerza de Su gracia. Así de poderoso es Aquel que cuida de ti. Las pruebas son muchas, pero aun cruzando el valle más tenebroso y mirando a la muerte a los ojos, no tienes por qué temer ningún mal. Por la bondad de Dios puedes decir que venga lo que venga no temerás, porque tu Pastor celestial ha vencido a todos tus enemigos. Así como David cortó la cabeza del gigante con su propia espada, nuestro Señor mató a la muerte con Su propia guadaña. Él ha vencido a tu enemigo final, ¿y ahora qué enemigo te quedará? El mismo Job, habiendo expresado su angustia, reconoce que Dios es vencedor sobre las penas más profundas porque «Él descubre las profundidades de las tinieblas, y saca a luz *la sombra de muerte*».[3]

Las luces tenues dan lugar a las sombras, pero la penumbra desaparece cuando llega una luz intensa. Una vela crea sombras, pero el sol al mediodía las apaga todas. Así sucede con la luz de la verdad de Dios. La luz de Cristo hace que huyan aun las sombras más profundas y turbias. ¿Cuáles son tus temores más oscuros? ¿Cuáles tus miedos y flaquezas? ¿Qué es lo que tu alma teme que suceda? Ponte bajo la luz de la Palabra, que es lumbrera a tu camino; que te guíe la luz del Espíritu, que resplandece en tu interior; anda en luz con aquellos que aman Su venida. Con Su luz intensa, Dios hace que se apague la sombra que te acecha. Que Su luz admirable brille en ti, «porque Dios, que mandó que de las tinieblas resplandeciese

3. Job 12:22.

Jesús es la Luz verdadera. Acércate a Él. Las sombras se llenan de espanto cuando le ven.

la luz, es el que resplandeció en nuestros corazones».[4] Jesús es la Luz verdadera. Acércate a Él. Las sombras se llenan de espanto cuando le ven. Jesús toma a la *sombra de muerte* con fuerza y la expone a Su luz pura para que muera. ¿Qué poder tendrá ahora sobre ti la *sombra de muerte* si la Luz del mundo ya la ha vencido? Tal y como describe poéticamente nuestro querido Matthew Henry:

> *Es la sombra de muerte; no hay mal que temer en ella; la sombra de una serpiente no nos puede morder ni nos puede matar la sombra de una espada.*[5]

La muerte, que a tantos quita el sueño, ha visto como le han robado su veneno. La muerte ha sido derrotada y el cristiano ya no muere, sino que duerme, esperando a que su Amo le despierte.[6] Jesús de Nazaret es nuestro David, quien habiendo matado a la muerte levanta Su cabeza para que nosotros festejemos con euforia. Y si Cristo ha vencido a la muerte, ¿dónde está ahora su poder? «¿Dónde está, oh muerte, tu aguijón? ¿Dónde, oh sepulcro, tu victoria?».[7]

Qué verdad tan grande la de este salmo. Tan cierta y tan serena. Aun en el último valle que tarde o temprano has de atravesar, no tienes por qué desmayar. No huirás amedrentado. Como oveja de Su rebaño sabes que puedes *andar*. La muerte no es una estación de llegada, sino una puerta hacia una mejor realidad. La muerte no es un foso, sino un puente que te conduce a la presencia de tu Jesús amado. Cuando llegue ese día, y cerrando tus ojos entregues tu último suspiro al Creador, será tu Buen Pastor quien te acompañe al otro lado.

Gracias, Señor, porque sé que cruzaré a la otra orilla tomado de tu mano.

---

4. 2 Corintios 4:6.
5. Henry, M. *Matthew Henry's Commentary*. vol. 3 (Nueva York: Revell), 318.
6. 1 Tesalonicenses 4:13-14.
7. 1 Corintios 15:55.

Confórtame, Señor

1. ¿Te has sentido alguna vez en el valle de *sombra de muerte*? ¿Cuándo?
2. ¿Piensas a menudo en la muerte? ¿Por qué?
3. ¿Cuáles son los temores más oscuros que hoy enfrentas?
4. ¿Cómo puedes exponer a la luz de la Palabra las sombras que hay en tu alma? ¿Cómo puede la verdad del Señor hacer que desaparezcan?

17

Estarás conmigo

Mira que te mando que te esfuerces
y seas valiente;
no temas ni desmayes, porque Jehová tu
Dios estará contigo
en dondequiera que vayas.

Josué 1:9

Las ovejas son frágiles. No tienen recursos para defenderse, así que su única escapatoria es intentar huir al escuchar un ruido extraño. Es fácil ver salir corriendo a todo un rebaño tan solo porque un pequeño animal pisó unas hojas secas. De hecho, los perros pastores no son imponentes en su aspecto, más bien todo lo contrario. El temor que infunden en las ovejas no es real, pero las asustan con facilidad para poder conducirlas en la dirección deseada. Los corderos son animales temerosos y desvalidos, sumamente dependientes de la protección que su pastor les pueda brindar. Phillip Keller describe así esta realidad detallando su experiencia como joven pastor:

Al oír el mínimo ruido que me hiciera pensar que mi rebaño estaba siendo molestado, yo saltaba de mi cama, llamaba a mi fiel perro, y corría en medio de la noche rifle en mano, preparado para proteger a mi rebaño. Con el tiempo pude comprobar que no había nada que aquietara tanto a mis ovejas como el simple hecho de verme a mí en el campo. La sola presencia de su amo y protector las calmaba como nada más lograba hacerlo.[1]

Sucede lo mismo con tu alma y con la mía. Nuestra andanza terrenal está llena de temores. Tememos que decaiga el ánimo. Tememos que les pase algo a nuestros hijos. Tememos que nos falte el dinero. Tememos a la enfermedad y al dolor. Nuestros temores muchas veces son infundados, fruto de nuestra imaginación. ¿Pero recuerdas cuál es el origen del temor? Adán y Eva comieron del fruto prohibido, y tuvieron miedo. Se escondieron de la presencia de Dios. En el Edén disfrutaban de una cercanía única con el Creador, pero el pecado los alejó de Él y sus almas se llenaron de pavor. Nuestros primeros padres tuvieron miedo al sentir el peso de su pecado y verse alejados de la santidad de Dios, pretendiendo cubrir su vergüenza con unas grandes hojas de higuera.

Y tú, ¿qué haces cuando temes? ¿Detrás de qué delantales escondes tu miedo? ¿Dónde buscas consuelo? Como Adán y Eva, solemos tejer a mano nuestras propias soluciones para esconder nuestra vergüenza y nuestros temores. Tejemos el disfraz de una buena reputación. De un trabajo exitoso. De una imagen perfecta. De una salud de hierro. Pero la realidad es que nuestros mejores esfuerzos no son más que delantales biodegradables que duran muy poco tiempo. El verdadero escondedero es el que hubo en el Edén. Dios se acercó de nuevo. Dios quiso restaurar la comunión con nosotros. Dios hizo túnicas con pieles y vistió a los primeros pecadores. Dios disipó nuestros temores. Dios afirmó que la cercanía perdida sería reparada para siempre a través de un Salvador prometido que aplastaría a la serpiente.

Tú también buscas soluciones baratas que alivien por un rato tus miedos, pero no hay nada que ahuyente tu temor como sentir la

---

1. Keller, 25.

presencia del Señor. La paz de saber que el Pastor celestial está cerca de ti es medicina para tu alma. Puedes sentir mil ansiedades, pero el Señor puede darte la certeza milagrosa de que Él está en medio de Su rebaño, de que nunca se ha apartado de tu lado. Saber que el Pastor está contigo marca la diferencia en tu vida.

En el versículo 4 el rey David comparte esta realidad: *No temeré mal alguno, porque tú estarás conmigo.* No dice que no temerá porque sabe lo que Dios va a hacer o porque ya ve que la solución se aproxima. La paz del salmista no descansa en un conocimiento previo, sino en la certeza de Su compañía. Así sucede contigo también. En medio de tus temores tú no sabes lo que Dios va a hacer, pero sí puedes afirmar que Él está contigo. El verdadero descanso reside en saber que Jesús jamás te dejará caer de Su mano.

¿Entiendes por qué temes? Tu corazón es como el de un niño travieso que desoyendo el consejo se perdió en un centro comercial. No ve a sus padres, y al momento se llena de pavor. Su corazón empieza a latir acelerado. De su cabeza brotan mil preguntas: «¿Y si no encuentro a mi papá y a mi mamá? ¿Cómo llegaré a casa esta noche? ¿Qué voy a cenar hoy? ¿Dónde voy a dormir? ¿Y si alguien quiere raptarme? ¿Y si me enfermo? ¿Y si ahora me muero? ¿Y si...?». Pero en el momento en el que ve de nuevo a sus padres viniendo hacia él desde el fondo del pasillo, sus temores se deshacen y su llanto expresa el alivio de verse rescatado.

Eres como un niño espiritual. Necesitas la cercanía de tu Padre celestial para ver cómo tus temores se apagan. La oveja del Salmo 23 no teme porque sabe que su Pastor está junto a ella. Encontramos esta misma verdad a lo largo de las Escrituras. Todos nuestros temores se desvanecen cuando comprendemos que contamos con Su presencia. Cuando el corazón de Isaac se llenó de temor, Dios le dijo: «No temas, porque yo estoy contigo». Cuando Moisés era enviado de vuelta a Egipto, Dios le dijo: «Ve, porque yo estaré contigo». Cuando Josué fue animado ante la conquista de Canaán, Dios le dijo: «No temas ni desmayes, porque Jehová tu Dios estará contigo». También en Isaías Dios le dice al pueblo: «No temas, porque yo estoy contigo»; y de nuevo le dice al apóstol Pablo antes de entrar en Corinto: «No temas, porque yo estoy contigo». Así es como el

Es la promesa de Su presencia la que refresca tu alma, ahuyenta tus temores y aviva tus fuerzas.

Señor Jesucristo nos comisiona a ti y a mí también: «He aquí yo estoy con vosotros todos los días, hasta el fin del mundo».[2] Tu Pastor celestial está contigo. Es la promesa de Su presencia la que refresca tu alma, ahuyenta tus temores y aviva tus fuerzas. Si lo tienes a Él cerca, no hay por qué amedrentarse. Así es como describe Juan Calvino esta realidad:

> *Ciertamente es cosa que aterra andar por oscuridades de muerte; y por muy fuertes que sean los fieles, no podrán por menos que temerlas; mas como se impone en su espíritu el pensamiento de que tienen a Dios presente y que se cuida de su salvación, esta seguridad vence al temor.*[3]

Aun en la experiencia más dolorosa puedes decir *no temeré mal alguno, porque tú estarás conmigo*. Esta realidad es maravillosa. El que está contigo es más fuerte que el más fuerte de tus enemigos. Meditar en ello te llena de un inmenso consuelo. Puedes vivir los retos presentes con un espíritu de serenidad tan grande que cambie toda tu vida. Seguramente andarás por valles muy oscuros, pero aun atravesando el más amargo de todos ellos oirás la voz de tu Pastor amado diciendo: *¡No temas, porque yo estoy contigo!*

Tres jóvenes fueron lanzados al horno de fuego, y entre las llamas se paseaba su Pastor eterno. Fue tal el desconcierto de Nabucodonosor, que tuvo que exclamar lleno de asombro: *He aquí yo veo cuatro varones sueltos, que se pasean en medio del fuego sin sufrir ningún daño; y el aspecto del cuarto es semejante a hijo de los dioses.*[4] Nuestro Señor estuvo también en la barca cuando los discípulos lidiaban con las olas, y al ver que no podían vencerlas clamaron a Jesús que dormía en la popa: *¡Señor, sálvanos, que perecemos!* En medio de la tormenta estaba nuestro Maestro, y puesto en pie hizo callar al viento.[5] Aun en las

---

2. Génesis 26:24; Éxodo 3:12; Josué 1:9; Isaías 41:10; Hechos 18:9-10; Mateo 28:20.
3. Calvino, J. *Institución de la religión cristiana,* vol. I (Rijswijk: Feliré, 1994), 426.
4. Daniel 3:25.
5. Mateo 8:25.

llamas que te envuelven o en el mar que estés surcando, recuerda que tu Pastor celestial está siempre a tu lado.

Gracias, Señor, porque tu presencia me basta para asustar mis temores.

Confórtame, Señor

1. ¿Tienes miedo? ¿De qué tienes miedo?
2. ¿Detrás de qué delantales de higuera te escondes cuando temes?
3. ¿Te has sentido como ese niño perdido?
4. ¿Sabes que el Señor está contigo? ¿Cómo lo sabes? ¿Cómo puedes describir la paz que tan solo Su presencia puede darte?

18

La vara de Su poder

Tu trono, oh Dios, es eterno y para siempre;
Cetro de justicia es el cetro de tu reino.

Salmo 45:6

Los reyes de antaño eran considerados los pastores de su pueblo. El cetro que portaban tiene su origen en la vara del pastor, que ha sido engalanada con oro y piedras preciosas. El cetro, o la vara del rey, vino a ser un símbolo de la autoridad que el monarca ejercía sobre sus súbditos. El versículo 4 de nuestro salmo exalta la protección y el cuidado que nuestro Pastor celestial tiene sobre Su rebaño: *Tu vara y tu cayado me infundirán aliento.* Si al igual que el rey David tú también eres capaz de entonar este salmo, estarás confesando que la vara del Pastor está en Su mano y que Su poder y majestad son absolutos sobre tu vida. Dios gobierna sobre tu existencia. Qué paz y qué consuelo. Lee conmigo estos versos, para reconocer una vez más que no habría descanso para tu alma si no fuera por el poder de Jehová.

Recuerda que Moisés dejó su posición en Egipto para ser pastor de ovejas en la tierra de Madián. Allí fue donde Dios le habló desde una zarza ardiente y lo envió de regreso a Egipto para sacar de la esclavitud a Israel. Moisés había sido comisionado por el gran *Yo*

Soy, y en su mano estaba la vara de pastor. Con su vara hizo prodigios ante Faraón. Su vara se transformó en culebra. Su vara golpeó el Nilo para convertirlo en sangre. Su vara fue levantada frente al mar Rojo para partirlo en dos. La vara de Moisés representaba el poder y la autoridad de Dios para guiar a Su pueblo y hacer prodigios delante de todos ellos.

Ahora, en nuestro precioso salmo, el rey David nos habla de la vara del Señor. Quiere desplegar frente a nosotros la grandeza de Su cuidado, y queriendo ser más concreto nos habla de Su autoridad. Dios usa Su vara para dar descanso a Su rebaño, y como oveja del Señor tú puedes decir que Su vara y Su cayado te infundirán aliento, sabiendo que el primer beneficio que alcanzará tu alma reside en la confesión que hacen tus labios. Reconoce que en Su mano está la vara de Su soberanía. Se trata de Su vara, no la tuya. Es Su vara la que infunde aliento. ¡Qué descanso saber que es Dios quien gobierna tu futuro, tu presente y tu pasado! ¡Él es el Rey Soberano!

¡Qué descanso saber que es Dios quien gobierna tu futuro, tu presente y tu pasado! ¡Él es el Rey Soberano!

La vara es un instrumento muy personal del pastor. El joven pastor escoge una vara como instrumento indispensable en su trabajo, y busca una que corresponda con su estatura. Practica lanzándola para poder usarla con precisión si sus ovejas se vieran amenazadas por una fiera. La usa como una extensión de su brazo, llegando a ser símbolo de su destreza y su firmeza. Encontramos entonces tres usos principales de la vara del pastor, que son aplicables al cuidado que tiene sobre ti el Señor.

En primer lugar, el pastor usa la vara para *defender* a sus ovejas. Antes recordábamos a Moisés, quien mostró el poder de Jehová ante Faraón con la vara que Dios le dio. Con esa vara hizo caer con fuerza las plagas sobre Egipto, y fue esa vara la que Dios usó para confortar a Su pueblo en momentos de debilidad. Del mismo modo, David siendo joven, defendió a sus ovejas de los ataques de las bestias usando su honda y su vara.[1] La vara en manos de un pastor diestro infunde

1. 1 Samuel 17:34-36.

aliento a su rebaño. Las ovejas, al ver la vara se sienten protegidas de cualquier amenaza.

Así de grande es tu confianza en tu Pastor celestial. La vara de Su poder está en Su mano y Él gobierna con firmeza todo lo que te rodea. Su Palabra es la vara de Su poder, una espada capaz de vencer todas las amenazas que puedas enfrentar.[2] El mismo Señor Jesús fue tentado en el desierto y alejó al diablo con la precisión de las Escrituras. Así como David ahuyentó leones con su vara, Jesús golpeó al demonio con la Palabra.[3] La Palabra de Dios es tu defensa y tu escudo. La Palabra te aleja del enemigo y sus artimañas. La Palabra te guarda del mundo y sus promesas vanas. La Palabra te protege de ti mismo guiando tus intenciones hacia aquello que a Dios le agrada. No te alejes de Su Palabra. Su poder y autoridad te infunden aliento.

En segundo lugar, el pastor usa la vara para *examinar* a las ovejas. La expresión «pasar bajo la vara» se refiere a la acción del pastor de contar e inspeccionar atentamente su rebaño.[4] Mientras las cuenta, el pastor revisa el estado de salud de cada una de ellas. Levanta la lana. Observa si hay alguna dolencia. Comprueba si algún cordero está muy delgado, o muy grueso, o muy cansado y, si hace falta, usa la vara para empujar a un rezagado.

Así es cómo la vara del Señor también te cuida a ti. Su Palabra inspecciona hasta lo más recóndito de tu ser y revisa tu estado de salud espiritual. Si hubiera debilidad del alma, la Palabra la detecta. Si hubiera enfermedad espiritual, la Palabra la revela:

> ...porque la palabra de Dios es viva y eficaz, y más cortante que toda espada de dos filos; y penetra hasta partir el alma y el espíritu, las coyunturas y los tuétanos, y discierne los pensamientos y las intenciones del corazón (Heb. 4:12).

Acércate a la Palabra de Dios con un corazón humilde y reverente, sabiendo que vas a ser examinado como una oveja ante su pastor, y que vas a ser desafiado a acelerar tus pasos para no quedarte atrás en tu

---

2. Efesios 6:17.
3. Mateo 4:4,7,10.
4. Ezequiel 20:37; Levítico 27:32.

andar con el Señor. Sin duda, Dios quiere hacerte ver tu pecado para limpiarte más y más de él. Dios quiera que, como el salmista, puedas exclamar ante Su mirada:

> Examíname, oh Dios, y conoce mi corazón;
> Pruébame y conoce mis pensamientos;
> Y ve si hay en mí camino de perversidad,
> Y guíame en el camino eterno (Sal. 139:23-24).

En tercer lugar, sabemos que con la vara el pastor *corrige* a sus ovejas. Sin duda la vara es útil para alejar a los depredadores y examinar el estado del rebaño, pero la vara también es firme como para reprender a la rebelde y hacer que la testaruda regrese. ¿O no hace esto también el Señor con nosotros? Tal vez este sea tu caso. Te alejaste del Señor. Tomaste otro rumbo. Como el hijo pródigo viviste apartado del Padre, y por Su gracia infinita Dios te ha hecho volver en sí. Los caminos del Señor son inescrutables, y sin duda Dios usará Su fuerza para corregir a Sus hijos cuando fuere necesario.

> Porque el Señor al que ama, disciplina,
> Y azota a todo el que recibe por hijo.
> Si soportáis la disciplina, Dios os trata como a hijos;
> porque ¿qué hijo es aquel a quien el padre no disciplina?
> (Heb. 12:6-7)

¡Qué descanso para tu alma saber que el Rey soberano cuida de ti! Con Su poder Él es capaz de *defenderte* de cualquier amenaza que ronde tu corazón. Él está dispuesto a *examinarte* y ver la salud de tu alma. Él está atento para *corregirte* y traerte de vuelta a casa. En Su mano está la vara de Su poder. Pon tus ojos sobre el Pastor celestial. Escucha Su voz muy de cerca. Su vara te infundirá aliento y te hará descansar.

Gracias, Señor, porque sé que tu poder me sostiene cada día.

Confórtame, Señor

1. ¿Qué asuntos te llenan de ansiedad? ¿Estás intentando controlarlos con tus propias fuerzas?
2. ¿Reconoces que el poder es del Señor? ¿Puedes ver Su vara en tu vida?
3. ¿Ves cómo Dios te protege del mundo, del enemigo y aun de ti mismo?
4. ¿De qué manera el Señor te examina con Su Palabra? ¿Recuerdas una ocasión reciente en que el Espíritu trajera convicción de tus faltas?

19

El cayado de Su bondad

–Entonces, ¿es peligroso? –dijo Lucy.
–¿Peligroso? –contestó el señor Castor–.
¿No has oído lo que ha dicho la señora Castor?
¿Quién ha dicho que no sea peligroso?
Claro que es peligroso. Pero es bueno.

C. S. Lewis, «El león, la bruja y el armario»

Hay esculturas del antiguo Egipto en las que el faraón aparece con la vara y el cayado. Así mismo la Iglesia Católica Romana representa a sus mandatarios con estas dos herramientas del pastor. Pero el verdadero Pastor de tu alma no es un líder político ni religioso, sino Jehová nuestro Dios. Él tiene en Su mano la vara con la cual te protege, y también el cayado con el cual te guía. La vara del pastor anuncia Su fuerza y autoridad, pero a su vez el cayado nos recuerda Su cuidado y Su ternura. El cayado es ese largo bastón con una parte curva en su extremo; un instrumento peculiar que identifica al pastor porque ninguna otra profesión lo emplea. El cayado está diseñado para las necesidades de las ovejas, y solo para su beneficio. Mientras la vara comunica defensa, poder y corrección, el cayado simboliza el cuidado, la paciencia y la preocupación del pastor por su rebaño. Gracias damos a Dios, que Él no es tan solo fuerte, sino también tierno. Como Aslan el león, no solo es feroz sino también bueno.

Así como hacíamos con la vara, también podemos hablar de tres usos principales del cayado que traen un gran descanso para tu alma. En primer lugar, con el cayado el pastor *une* a Sus ovejas. Si se percata de que un pequeño se aleja de su madre, puede usar el cayado para acercarlo a ella. Si las ovejas tienen frío, las junta para que puedan hallar el calor deseado las unas con las otras. Pero el pastor no solo usa el cayado para unir al rebaño, sino que lo utiliza de igual modo para arrastrar un cordero hacia sí mismo. Fija sus ojos sobre él, y con el cayado lo envuelve para acercarlo tiernamente.

¿Y acaso no es eso lo que hace contigo tu Pastor celestial? Su Espíritu Santo te acerca a tus hermanos para formar Su Iglesia. Es Él quien nos mueve a la unidad y hace de nosotros una nación santa, un cuerpo concertado, un edificio espiritual, un solo rebaño.[1] Solo el Espíritu del Señor es capaz de lograr que gentes diferentes se unan de una forma tan milagrosa y entrañable para caminar juntos como un pueblo. Si tus pasos se desvían, es el Señor con Su cayado celestial quien te acerca a tus hermanos y los usa para reavivar la llama de la fe en ti. Si hubiera disensión y faltara la armonía, es el Señor quien te da palabras de perdón y cura con Su bálsamo tus heridas.

Además, el Espíritu no solo nos une entre nosotros. Sobre todo te acerca a Él. Convenciéndote de tus faltas, te llama por nombre para darte de Su paz y de Su calma. ¿Cuántas veces has estado lejos de Su rostro y de formas indescriptibles te has visto frente a Dios? En Su soberanía ha usado tus vivencias, ha enviado a un emisario o te ha impactado aquel sermón. Con Su cayado invisible Dios te ha acercado a sí mismo. De forma inevitable, dulce e irresistible has gustado Su perdón. No sabes qué ha sucedido, pero ahora te encuentras junto a Él. Él es feroz y temible, pero sin saber cómo, como Sansón, has gustado la dulce miel del león.

---

1. 1 Pedro 2:9; Efesios 4:16; Efesios 2:21-22; Juan 10:16.

En segundo lugar, con el cayado el pastor *guía* a sus ovejas. Cuán fácil es para un cordero desviarse del sendero y acabar entre los espinos. Con el cayado el pastor puede presionarle suavemente sobre un costado para que cambie su caminar hacia la dirección correcta. Si una oveja se distancia de sus compañeras, con el cayado el pastor dirige su rumbo. ¿Y no es eso lo que hace contigo tu Pastor amado? Él te guía con la luz de Su Palabra, con la exhortación de los hermanos, con Su Espíritu Santo. El Señor guía tu vida. El Espíritu hace brotar la fe. Es Dios quien abre tus ojos, quien trae a tu alma arrepentimiento, quien te persuade y te convence, quien endereza tus pasos. Como el hijo pródigo, tú también te has desviado y has estado en alguna lejana pocilga mendigando. Es tu Pastor eterno, por Su infinita bondad, quien te ha hecho volver en sí con Su cayado celestial. Es por Su guía tierna que has podido enderezar tus pasos y has recibido de nuevo Su abrazo.

En tercer lugar, con el cayado el pastor *rescata* a sus ovejas. Un cordero puede caer en un río y ser llevado por la corriente. Muchas veces acaba entre matorrales, de modo que el pastor debe usar su cayado para sacarlo con cuidado. ¿Y acaso no hace lo mismo el Señor contigo? Cuántas veces has seguido tu propio instinto para meterte tu solito en un atolladero. Tu olfato ovejuno te conduce por el camino que crees más seguro pero acabas entre zarzales. Prefieres seguir tu propio criterio y al rato estás en un hoyo oscuro y profundo. Pero tu Pastor amoroso no te deja ahí. Él no llena tus oídos de reproches. Tú clamas al cielo y Él extiende Su brazo. Te levanta suavemente como hace el pastor con un pequeño cordero. Así actúa tu Pastor amado. Te rescata de los riscos más agudos, de las aguas más violentas, de los pozos más profundos. ¿Sientes Su ternura al sacarte de los hoyos que a veces tú mismo has cavado? Su bondad es infinita, Su compasión es inmensa, y te alienta recordar a diario que en Su mano lleva siempre Su cayado.

Te rescata de los riscos más agudos, de las aguas más violentas, de los pozos más profundos.

¿Lo ves? Eres tú esa oveja que cobra aliento mientras entona estos versos: «*Aunque ande en valle de sombra de muerte, no temeré mal alguno, porque tú estarás conmigo. Tu vara y tu cayado me infundirán aliento»*. Es un milagro incomprensible. ¿Cómo puede un animal tan indefenso andar bajo sombra de muerte y no temer? Es posible porque anda siempre acompañado y su pastor da siempre muestras de su presencia. Así de seguros nos hace sentir nuestro Dios cuando andamos bajo Su cuidado. Las amenazas y peligros nos rodean, pero percibimos a cada rato Su ternura y Su fuerza.

Ha sido siempre de esta manera con todos los corderos de Su rebaño. Con todos, salvo con uno. Hubo uno que no pudo cruzar por ese valle acompañado. Un Cordero que se entregó voluntariamente para ser sacrificado. Un Cordero que en la más profunda de las angustias oró: «Padre, si quieres, pasa de mí esta copa». Un Cordero que en la soledad más absoluta clamó: «Dios mío, ¿por qué me has desamparado?».[2] Un Cordero que en vez de ser protegido fue ofrecido, en vez de rescatado fue enviado, en vez de acompañado fue dejado. Uno que al entregar Su alma exclamó: «Consumado es» porque con Su sangre compraba tu rescate. Cristo fue el único Cordero del Señor que atravesó solo el valle más tenebroso y tuvo que sentir la lejanía del Pastor de nuestras almas para darte a ti una vida sin final. Ven a Cristo. Él levantó muertos, perdonó pecados, sanó corazones rotos. Ven a Cristo. Él hará brillar Su luz admirable dentro de los valles más sombríos. Ven a Cristo. En Su mansión enjugará toda lágrima. A lo largo del camino te tomará de la mano y te hará sentir la bondad de Su cayado.

Gracias, Señor, porque tu bondad para conmigo es más dulce que la miel.

---

2. Lucas 22:42 y Mateo 27:46.

Confórtame, Señor

1. ¿Has experimentado la bondad de Dios en tu vida? ¿De qué maneras?
2. ¿Qué providencias ha usado el Señor para acercarte constantemente hacia Él y acercarte también a Su Iglesia?
3. ¿Recuerdas una ocasión en la que el Señor con Su misericordia te hizo volver en sí? ¿De qué pocilga te hizo regresar?
4. ¿De qué pozo profundo te ha sacado el Señor? ¿Sientes Su cayado asiéndote con cuidado? ¿Cómo lo podrías describir?

20

En la casa de Dios

Una cosa he demandado a Jehová, esta buscaré;
Que esté yo en la casa de Jehová todos
los días de mi vida.

Salmo 27:4

Como en el teatro, se baja el telón, se sube el telón, y hemos cambiado de escenario. En este instante nuestro salmo nos presenta un gran contraste, pues introduce una segunda ilustración que de entrada parece no tener relación con la primera. Por un lado tenemos al pastor de las ovejas que cuida de su rebaño, y por otro lado al anfitrión que recibe en casa a su invitado. La combinación de estas dos escenas se comprende mejor cuando nos situamos en el contexto en el que el salmo se escribió. En muchas partes del mundo se puede ver al pastor desde estas dos perspectivas. Por un lado es el protector del rebaño que conduce a sus ovejas a verdes pastos, y por otro lado es el protector del viajero que anda buscando refugio en el desierto. Aún hoy en el Cercano Oriente se pueden ver las tiendas de los beduinos que reciben al caminante que apurado busca escondedero. En este salmo, Jehová es representado como ambas cosas. Él es el pastor que cuida a los corderos, y el anfitrión generoso que recibe al viajero.

Nuestro hermoso pasaje entona sus últimos compases. La oveja de este salmo ha estado paciendo en los verdes pastos, ha bebido junto a aguas de reposo, se ha echado a descansar confiada, ha sentido de cerca la protección de su pastor a través de su vara y de su cayado, ha sido restaurada cuando se ha caído al suelo, ha atravesado los valles más profundos y ahora al fin parece que está llegando al final de su trayecto. Según comenta Phillip Keller, este salmo describe de forma poética la vida de las ovejas durante todo un año. Al final del relato el rey David relata cómo el rebaño es acogido en casa del pastor para protegerlo del frío invierno que se avecina.[1]

En estos últimos versos la ilustración del pastor y su rebaño se desvanece para dar lugar a una nueva imagen que emerge: la del anfitrión cuidando de su huésped. El pastor del Salmo 23 recibe en su casa a su oveja, pero esta no se queda en un establo ni en una choza, ni en un cobertizo, sino que entra en casa del pastor y se sienta a su mesa. La oveja llega a casa. Sabe que no es su casa, pues una oveja no tiene casa propia, pero llega a la casa del pastor y allí es donde se aloja.

Qué bien nos sentimos cuando vamos invitados a casa de alguien. Sobre todo cuando acabamos de llegar de un largo viaje. Estamos cansados, nos enseñan nuestra habitación, y sentándonos a la mesa nos sirven como si fuésemos uno más de la familia. Existe una diferencia inmensa entre el hecho de ir invitado a una casa o ir a comer a un restaurante, ¿verdad? Si vamos a un restaurante puede que el camarero nos reciba con una sonrisa, puede que la mesa esté bien dispuesta, y puede que incluso la comida esté buena. Cuando todo esto sucede nos alegramos mucho. No ponemos ninguna objeción, pero tampoco expresamos mucha sorpresa. Tal vez no lo digamos, pero muy dentro de nuestros corazones pensamos que así es como debe ser. Es lo que se supone. Al fin y al cabo es para eso que pagamos y el trabajo bien hecho hace que el cocinero y el camarero sean dignos de su salario. Pero cuán diferentes son las cosas cuando vamos a una casa como invitados. Todo tiene otro color. El sentimiento es único. Si la familia que nos hospeda nos recibe con una sonrisa, si al entrar hallamos una mesa bien puesta, si la cena ya está lista y además está sabrosa, entonces

1. Keller, 99-142.

nos invade una emoción muy especial. Sentimos una gratitud amorosa, una paz inmerecida, una alegría inusual, porque estamos siendo objeto del favor de aquellos que nos reciben en su hogar. En un restaurante merecemos un servicio que hemos pagado, pero en una casa recibimos lo que no esperábamos. En una casa nos encontramos con algo más sabroso que una cena bien preparada. Paladeamos por un instante el sabor intenso de la *gracia*.

Así sucede, pero con mayúsculas, cuando somos recibidos por el Señor. En estos versos de nuestro salmo Jehová es tu anfitrión. Eres Su huésped. Eres beneficiario de todo aquello que sabes que no mereces. Estar en Su presencia no es como ir a un restaurante, sino como estar en un hogar rodeado por una familia que te recibe generosamente. Todo el bien que Dios pueda llegar a expresar contigo es absolutamente inmerecido. ¿Estás agradecido? A ninguna de Sus ovejas le pertenece lo que recibe de parte de Él. Ninguno de nosotros podrá de ningún modo entrar por las puertas de la mansión celestial pensando que *se ha ganado* el favor de Dios o que de algún modo el Señor le *debe* algo. No hay mérito alguno en ti ni en mí cuando Dios nos colma de Sus bondades. No hay forma de poder pagar lo que Dios te pueda servir.

Eres Su huésped. Eres beneficiario de todo aquello que sabes que no mereces.

¿Qué es lo que Jehová te ha dado? ¿Cuántos manjares inmerecidos ha puesto Dios en tu plato? Das por sentado que tienes la vida y tal vez usas los días como si fueran tuyos. Despilfarras el tiempo sin darle gracias por cada momento. Cada instante es un regalo del cielo, y al abrir los ojos este debiera ser tu primer pensamiento: «Gracias, Señor, por un nuevo día lleno de tu gracia inmerecida». Tal vez des por sentado que hay alguien a tu lado. ¿Has dado gracias a Dios por tu esposa, por tus hijos, por tus padres o tus hermanos? Tal vez crees que mereces lo que tienes a tu alcance, que tu esfuerzo y tu constancia te han proporcionado todo lo que posees. Te gozas de tu prestigio, te alegras de tu profesión, sonríes cuando ves tu casa, tu familia o tu fama. ¿Pero acaso no es Dios quien te regala la salud y las fuerzas, la juventud y la inteligencia? ¿Y qué diremos de las bendiciones espirituales? Es Dios quien te ha dado la salvación eterna, el perdón de los pecados, la guía de Su Espíritu, la luz de la Palabra, la comunión de los hermanos. ¿Lo das todo por sentado? ¿Crees que hay algo que mereces por tu buena conducta? ¿Piensas que lo que recibes al fin y al cabo te corresponde? ¿Por tus obras? ¿Por tus méritos? ¿Por tu fidelidad? ¿Por tu fe? En verdad, todo es un regalo y jamás pudieras haberlo pagado. La vida entera cambia de color cuando entras en la casa del Señor. Conocerlo a Él es entrar en Su mansión, porque sientes que te rodea Su amparo y Su bondad. Todo es inmerecido. Todo expresa Su hospitalidad. Desde el primer suspiro al nacer hasta el último aliento al morir estás siendo objeto de Su inmensa bondad. Mientras veas la vida como un restaurante nadarás en el mar de la insatisfacción, pero tu corazón empezará a gustar el sabor de la gracia cuando comprendas que estás en la casa de Dios.

Gracias, Señor, por recibirme en tu casa y colmarme de favores.

Confórtame, Señor

1. ¿Recuerdas alguna ocasión en la que un restaurante te defraudó?
2. ¿Recuerdas una ocasión en la que fuiste invitado a una casa? ¿Puedes describir la generosidad de esa familia para contigo?
3. ¿Crees que te has ganado algo de lo que tienes?
4. ¿Qué es lo que el Señor te ha dado? ¿Qué manjares ha puesto delante de ti? ¿De qué manera se lo agradeces?

21

Aderezas mesa

...haré contigo misericordia...
y tú comerás siempre a mi mesa.

2 Samuel 9:7

En cierta ocasión el rey David quiso indagar si aún quedaba con vida algún descendiente de su amigo Jonatán. David encontró a Mefi-boset, hijo de Jonatán, que estaba lisiado de los pies. En este hermoso episodio de la historia bíblica, el rey recibe en su casa a Mefi-boset y mirándolo con gracia pronuncia estas dulces palabras:

> No tengas temor, porque yo a la verdad haré contigo misericordia por amor de Jonatán tu padre, y te devolveré todas las tierras de Saúl tu padre; y tú comerás siempre a mi mesa.[1]

¡Cuánta compasión tuvo David de Mefi-boset! ¡El desheredado tuvo herencia! ¡El desprovisto halló cobijo! ¡El hambriento se sentó a la mesa! ¿Y acaso no es eso lo que Dios hace contigo y conmigo? David no estaba obligado a tener misericordia de Mefi-boset, pero quiso. Del mismo modo Dios quiso tener compasión de ti, por pura

---

1. 2 Samuel 9:7.

gracia. Fue solo por amor, movido por una misericordia tan profunda e incomprensible que nos abruma por completo cada vez que meditamos en ella.

Mefi-boset estaba lisiado de los pies. No podía andar bien, y mucho menos trabajar. No podía valerse por sí mismo y estaba condenado a mendigar pan por las calles empedradas de Jerusalén junto a los ciegos y los leprosos. Pero Mefi-boset fue alcanzado por la gracia del rey. David lo estaba buscando, y lo halló, y tuvo misericordia de él. Pero su misericordia no se expresó en un trozo de pan, o un puñado de monedas. Ni tan solo le ofreció una cena como gesto de buena voluntad. El menesteroso fue invitado a sentarse a su mesa de por vida y a saciarse el resto de sus días.

¿Y no es así como te ha tratado Dios? Como Mefi-boset, tú también estabas lisiado. Lisiado del corazón. No podías hacer nada por ti mismo para ganar Su favor. No podías escapar de tu miseria ni huir de tu destino. La enfermedad del pecado te tenía condenado a ser un mendigo espiritual eternamente, pero la gracia de Dios te alcanzó y Su generosidad te hizo entrar en Su casa para comer de Sus manjares por siempre. ¡Regocíjate! ¡Has sido alcanzado por la gracia del Rey! Él te estuvo buscando, y te ha encontrado.

En nuestro salmo, hemos llegado a la casa del pastor, donde el viajero es objeto de su protección. Varios salmos expresan el favor de Dios para con nosotros usando esta hermosa imagen: «Porque él me esconderá en su tabernáculo en el día del mal; me ocultará en lo reservado de su morada»; «Yo habitaré en tu tabernáculo para siempre; estaré seguro bajo la cubierta de tus alas».[2] Jehová es el anfitrión sublime. Su protección y provisión son perfectas, y en este salmo David emplea hasta tres expresiones seguidas para describir la excelente manera con la cual Dios te recibe en Su casa: Dios unge tu cabeza con aceite; Dios hace que tu copa rebose; Dios prepara delante de ti Su mesa.

Así como Mefi-boset tuvo un lugar a la mesa de David, tú tienes un lugar en la mesa del Pastor celestial. ¿Y cómo es la mesa del Señor? La mesa que se menciona aquí no es cualquier mesa. La palabra *mesa*

---

2. Salmos 27:5 y 61:4.

puede evocar en nuestra mente la mesa que tenemos en el comedor de casa, o la del despacho sepultada por libros y documentos, o la mesa plegable que guardamos en el trastero para un día de picnic con la familia. Pero el término *mesa* aquí es *shulján* y en el corazón del salmista evoca esas grandes mesas de madera que tenían en su palacio los reyes para celebrar reuniones y banquetes. *Shulján* es una mesa de grandes ocasiones. Es la mesa del Rey. La mesa a la cual has sido tú invitado para satisfacer tu hambre y tu sed.

El propio salmo, de algún modo, resume la trayectoria de David. En su vida él empezó cuidando las ovejas y acabó en el palacio recibiendo al necesitado a su mesa. Pero en el Salmo 23 David cambia su posición. Ahora el rey es Dios y el necesitado es David. El rey-pastor reconoce que el verdadero pastor y el perfecto anfitrión es Jehová. Qué humildad se necesita para poder escribir estos versos. Así como David invitó a Mefi-boset a su mesa, es Jehová quien invita a David a la suya, y te invita también a ti. El Rey-Pastor de los cielos es el que te recibe y te colma de favores. Su mesa está bien dispuesta. No falta de nada en la mesa del Señor. No ha mandado a los ángeles que la preparen, sino que Jehová mismo adereza mesa delante de ti. No te va a faltar nada de lo necesario, ni material ni espiritual. Jehová tiene contigo a un invitado desvalido, pero Él es el mejor anfitrión que pudieras haber tenido.

Jehová tiene contigo a un invitado desvalido, pero Él es el mejor anfitrión que pudieras haber tenido.

Pero el rey David dice algo más que llama nuestra atención. No solo ha sido invitado a un fabuloso festín en la mesa del Pastor, sino que además puede disfrutar de ese banquete en presencia de sus enemigos. Hay quienes tienden a leer el Salmo 23 en clave futurista, como expresando lo que le depara al cristiano una vez que llegue al cielo. Pero no es cierto. Aquí en la tierra ya empezamos a gustar los cuidados y la protección de nuestro Señor. Este salmo nos habla de un cuidado presente. La oveja del Salmo 23 tiene los pies en el suelo. Aunque disfruta de todas las atenciones del Señor sabe que hay pruebas en esta vida y clama a su pastor diciendo: *Confortarás mi alma*; *aunque ande en valle de sombra de muerte tú estarás conmigo* y ahora en el versículo 5: *Aderezas mesa delante de mí en presencia de mis angustiadores.*

El salmista no describe nuestro estado eterno, porque en el cielo no habrá razón por la cual ser confortado ni sombra de muerte, ni angustiadores que pretendan alcanzarnos. El Salmo 23 versa sobre el cuidado perfecto que Dios te brinda aquí en la tierra, preludio de lo que será gozar por siempre de Su presencia.

Pero entonces nos preguntamos, ¿tiene realmente enemigos el cristiano? ¿Perseguidores? ¿Angustiadores? Sin duda. Todo cristiano verdadero tiene enemigos, porque los enemigos de la cruz también son nuestros. El Señor tuvo adversarios, y no somos nosotros más que nuestro Amo. Ay de nosotros si viviendo en este mundo de pecado no tuviéramos ni un solo adversario. Recordemos que el Señor nos envió como corderos en medio de lobos. Pero a pesar de la oposición del mundo, encuentras en este salmo una gran bendición. Dios adereza mesa delante de ti de forma real y presente, pero lo más sorprendente no es el sustento con el cual llena tu plato, sino la paz que a ti te llena al sentarte a Su mesa. Esa paz del salmista es la que Dios regala a los suyos. Puedes disfrutar de Sus bendiciones aun en presencia de aquellos que buscan tu mal, pues aun queriendo quitarte la vida no podrán quitarte jamás la paz. El cristiano puede disfrutar de las delicias del cuidado de Dios estando en presencia de sus adversarios. No parece tener mucho sentido sentarse a comer cuando el enemigo está llamando a la puerta. Las emociones fuertes suelen quitarnos el apetito. Pero esta es una ilustración muy poderosa que expresa la paz increíble que Dios nos otorga. Con todo lo que implica estar en el mundo, somos bendecidos con una calma que no es de esta tierra. En medio del dolor y la persecución, rodeados de incomprensión y rechazo, puedes sentarte a la mesa del Señor y disfrutar de Sus manjares celestiales en un festín que nunca tendrá fin. Siéntate a Su mesa. Saborea una esperanza indestructible, degusta un gozo perpetuo, paladea Sus promesas eternas.

Gracias, Señor, porque en medio de las pruebas tú me sientas a tu mesa.

Confórtame, Señor

1. ¿Reconoces tu incapacidad espiritual? ¿Te sientes lisiado en tu alma?
2. ¿Cuál hubiera sido tu destino si el Señor no te hubiera alcanzado con Su gracia?
3. ¿Ves la bondad presente del Señor para contigo?
4. ¿Cuáles son tus angustiadores y de qué modo te acechan? ¿Tienes la paz del Señor en medio de la oposición? ¿De qué manera sientes que la victoria ya está cerca?

22

Unges mi cabeza

El Espíritu de Jehová el Señor está sobre mí,
porque me ungió Jehová;
me ha enviado a predicar buenas
nuevas a los abatidos...

Isaías 61:1

Un fariseo invitó a Jesús a su casa, y una vez sentado a la mesa entró una mujer pecadora que «llorando, comenzó a regar con lágrimas sus pies, y los enjugaba con sus cabellos; y besaba sus pies, y los ungía con el perfume». Los presentes criticaron a la mujer en sus pensamientos, pero Jesús le mostró al fariseo que aquella pecadora le había honrado de una forma espléndida. Su anfitrión no le había recibido como merecía un invitado, pero ella desbordaba gratitud y adoración. «No ungiste mi cabeza con aceite; mas esta ha ungido con perfume mis pies».[1]

En tiempos bíblicos, ungir la cabeza con aceite era símbolo de bendición. Era costumbre, sobre todo cuando se tenía un invitado de honor, lavar sus pies y ungir su cabeza en señal de bienvenida. Después de la mesa aderezada, la segunda imagen que usa el salmista para

1. Lucas 7:38 y 46.

expresar el cuidado de Dios por nosotros es la unción con aceite, una señal de *bendición* y también de la *elección* de parte de Dios. Al observar el uso de la unción en las Escrituras, vemos que se unge con óleo aquello que ha sido consagrado con un propósito. Moisés unge con aceite el tabernáculo para dedicarlo al Señor; Aarón y sus hijos son ungidos como sacerdotes al servicio de Jehová; el profeta Isaías anuncia que el Señor le ha ungido para predicar las buenas nuevas; el joven David es ungido como rey de la nación de Israel.[2]

La unción por excelencia recae sobre el Señor Jesús. Su nombre es el *Mesías*, que en hebreo significa el *ungido*, y en griego se traduce como el *Cristo*. Jesús es, sin duda, el que merece toda la bendición del Padre y el que es dedicado al servicio de Jehová con un propósito sublime. El único propietario legítimo del favor que describe este salmo es Jesús de Nazaret. Él es el que merece entrar en la casa de Dios. Él es el que merece ser honrado. Él es el que puede ser ungido como Profeta, Sacerdote y Rey. Qué palabras. *Unges mi cabeza con aceite*. Solo Cristo puede decir con propiedad este verso, y sin embargo, eres tú quien lo entona. Tú eres tratado como si fueras Él. Tú eres ungido y dedicado al Señor como profeta, sacerdote y rey. David se siente inmensamente bendecido por el Señor, y al recitar este salmo en primera persona tú también reconoces cuán grande es Su favor y el regalo inmerecido que supone entrar en Su presencia. Tus labios se llenan de gratitud, porque no te ha tratado como a un extraño, sino como a Su hijo amado. Dios te ha escogido y te ha bendecido para un propósito santo. Él unge tu cabeza con aceite.

Solo Cristo puede decir con propiedad este verso, y sin embargo, eres tú quien lo entona.

Cuando despierta el verano, las ovejas pueden ser acosadas por moscas y otros insectos que les impiden descansar. Para una persona las moscas pueden llegar a ser muy molestas, pero para una oveja pueden suponer una amenaza mortal. Si lograran infectarles la nariz o las orejas, los corderos ya no podrían yacer junto a aguas de reposo debido al intenso dolor. Su única inquietud sería aliviar el malestar sacudiendo las patas y agitando la cabeza para luchar contra los punzantes picores.

2. Levítico 8:10-11; Éxodo 28:41; Isaías 61:1; 1 Samuel 16:13.

Así como Job se rascaba con un tiesto a causa de la lepra, hay ocasiones en las que, buscando alivio, la oveja incluso golpea su cabeza contra un árbol o un arbusto con violencia.

El pastor tiene el deber de proteger a su rebaño de esas amenazas externas y trabaja con tesón para lograr el descanso deseado luchando contra los parásitos que las atormentan. Se preocupará entonces de tomar uno a uno a sus corderos y untar sus cabezas con los aceites apropiados para repeler a los insectos. De este modo, en nuestro precioso salmo la unción con aceite no solo representa la *bendición* de Dios y Su *elección* perfecta, sino que también conlleva un profundo sentido de *protección*.

Del mismo modo hace el Señor contigo como oveja de Su prado. ¿Puedes ver cómo Su protección te está rodeando? A tu alrededor revolotean miles de amenazas externas que pretender destruirte por completo. Como las moscas, vuelan sobre ti toda especie de temores y ansiedades. Cerca de ti las cosas no van como quisieras. Miras tu vida y dices: «No es así como deberías ser». Sufres las consecuencias de la transgresión de nuestros primeros padres porque vives en un mundo roto por el pecado. Sufres los estragos de tus propias decisiones porque sabes muy bien todo lo que has llegado a hacer en contra de la voluntad del Señor y todo lo que debiste haber hecho y no hiciste. Sufres muchas veces el resultado de los pecados que otros han cometido contra ti, porque has vivido desengaños, traiciones y mentiras que han dejado tu alma malherida. Además de todo esto, tienes un enemigo mortal que desea infectarte con el pecado. *Beelzebú*, el *señor de las moscas*, disfruta acosándote en mil frentes para hacerte perder la paz, la esperanza, el gozo y la confianza en tu pastor celestial.[3]

¿Oyes las moscas volando a tu alrededor? Emisarias del diablo, zumban con furia mirando a quién infectar. Pero así como los leones paseaban junto a Daniel en el foso y no le causaron ningún mal, las amenazas del enemigo rondarán tu corazón sin poderte dañar. En medio de la angustia, tu Pastor celestial protege tu alma. En medio de la prueba, puedes tener una paz que el mundo no conoce y un contentamiento que la gente no comprende. En medio del dolor que estés atravesando,

3. *Baal-zebub*, señor de las moscas (2 Reyes 1:2-3,6,16; Mateo 12:24; Marcos 3:22; Lucas 11:15).

Satanás está empecinado en infectar tu corazón con dudas sobre el amor de Dios. Quiere que dudes sobre Su perdón perfecto. Que pienses que no cumplirá Sus promesas. Busca dañar tu alma con un espíritu de queja, de tristeza, de amargura. Pero tu Buen Pastor toma con cuidado tu cabeza y aplica sobre ella el óleo que precisas para protegerte del maligno y aliviar tu angustia. En la Palabra, el *aceite* muchas veces es símbolo del Espíritu Santo del Señor, y sin duda nuestro Pastor celestial te cubre con Él para darte de Su presencia y bendecir tu corazón.

> Mas el Consolador, el Espíritu Santo, a quien el Padre enviará en mi nombre, él os enseñará todas las cosas, y os recordará todo lo que yo os he dicho. La paz os dejo, mi paz os doy; yo no os la doy como el mundo la da. No se turbe vuestro corazón, ni tenga miedo (Juan 14:26-27).

Que el Señor llene tu vida más y más con Su Espíritu. Que en medio de la aflicción sientas cómo te rodea Su aceite celestial. Que sea Él tu protector y tu escudo. Que tu alma no dude ni un instante de cuán amado eres y cuán generosa es la bendición que Dios derrama sobre ti. Que las muchas moscas del adversario no tengan efecto sobre tu alma, sabiendo que está muy bien guardada entre Sus manos.

Gracias, Señor, por tu Espíritu que me consagra y me protege.

Confórtame, Señor

1. ¿Te ha ungido el Señor? ¿De qué manera es evidente Su bendición y Su elección para contigo?
2. ¿Para qué te ha ungido el Señor? ¿Qué es lo que quiere hacer contigo ahora que has sido redimido?
3. ¿Ves cómo Dios aleja las moscas que te acechan? ¿Puedes mencionar algunas y describir cómo las alejó de ti?
4. ¿Cómo puede ser tu vida guiada por el Espíritu de Dios? ¿Cómo puedes tener más de Su llenura?

23

Mi copa rebosa

...más abundantemente de lo
que pedimos o entendemos,
según el poder que actúa en nosotros...
Efesios 3:20

El pesimista siempre ve el vaso medio vacío, siendo consciente de lo que le faltó para llenarlo. El optimista, sin embargo, lo ve siempre medio lleno, agradecido por lo que no perdió. Supongo que, según la ocasión, uno u otro tendrá la razón. Pero hay sin duda una forma muy superior de ver las cosas, y es la que nos describe nuestro salmo. El cristiano no ve el vaso medio lleno ni tampoco medio vacío. Para él la copa está siempre rebosando. Esta expresión me recuerda a esos camareros que en las bodas llenan continuamente la copa. No importa si tan solo se dio un sorbo. Si el camarero que sirve tu mesa es alguien supereficiente, al volver la mirada hacia tu copa verás que está de nuevo rebosando.

Algo así sucede en la casa del Señor. En Su presencia tienes una provisión perfecta que nunca se detiene. Él adereza mesa delante de ti. Él unge tu cabeza con aceite. Él cubre toda tu necesidad, pero lo hace además superabundantemente. Lo que este salmo nos describe sobre el cuidado del Señor sucede siempre en presente y siempre de forma excelente. Después de la mesa y del aceite, la copa describe por tercera vez la perfección de Sus bendiciones perennes.

Sin duda, en la Palabra de Dios el simbolismo de la copa es doble, o dicho de otro modo, hay dos copas de las cuales podemos llegar a beber. Por un lado tenemos la copa de la *gracia*. Es la copa del favor de Dios que describe el salmista cuando dice: «tomaré la copa de la salvación, e invocaré el nombre de Jehová».[1] Esta copa es dulce, y atesora la bondad del Señor. Pero por otro lado tenemos la copa de la *ira*, del santo juicio de Dios. En la revelación que vio el apóstol Juan había siete ángeles que en el día final derramaban la ira perfecta del Señor: «Oí una gran voz que decía desde el templo a los siete ángeles: Id y derramad sobre la tierra las siete copas de la ira de Dios».[2]

En este momento tú te acercas a la mesa del Señor. Vas a beber una de estas dos copas, sorbo a sorbo hasta la última gota. Tienes una copa a tu izquierda y otra a tu derecha. La copa de la *ira* y la copa de la *gracia*. Te acercas a la mesa con respeto y al mirarlas más de cerca te encuentras con la gloriosa sorpresa del evangelio. Jesús se te ha adelantado. Llegó antes que tú ante la mesa del Padre. Compruebas con asombro que una de las copas ya está vacía. Hasta el fondo. Jesús tomó la iniciativa y tragó hasta la última gota de la copa de la ira. Ahora solo te queda una copa por beber. La copa de la gracia te espera. Te acercas a la mesa con gratitud y emoción. Tu copa está rebosando del favor del Señor. Gracias a Cristo por Su bondad infinita, por sufrir el castigo que tú merecías, porque aun viendo muy de cerca la amargura de la cruz, nuestro Salvador exclamó:

> Padre, si quieres, pasa de mí esta copa; pero no se haga mi voluntad, sino la tuya (Luc. 22:42).

La copa de la ira está vacía porque Cristo la bebió en el Calvario. A ti te espera rebosante la copa de Su bondad infinita. Una copa que no podrás acabar en esta vida y seguirás bebiendo en Su casa por largos días. Esa es la copa que cita el Salmo 23. La copa de la salvación. La misma que en la última cena el Señor pasó entre Sus discípulos diciendo:

---

1. Salmo 116:13.
2. Apocalipsis 16:1 y también Jeremías 25:15-16.

«Bebed de ella todos; porque esto es mi sangre del nuevo pacto, que por muchos es derramada para remisión de los pecados».[3] Gracias al Señor por Su salvación perfecta, porque Su gracia no es escasa y Su compasión es eterna. Su generosidad es tal que desborda nuestra comprensión y Su poder para salvar supera nuestro entendimiento. La copa de Su gracia es magnífica. De ella bebemos todos, pero nunca se vacía. Su misericordia alcanza a todas las naciones. Su bondad nunca está medio llena, porque constantemente rebosa. ¿Puedes ver de qué manera el favor del Señor para contigo nunca se agota?

La copa de Su gracia es magnífica. De ella bebemos todos, pero nunca se vacía.

¡Pero estos versos nos sorprenden aún más! El salmista reconoce que la gracia del Señor es una realidad presente porque su copa está rebosando, pero también es una verdad futura porque el bien y la misericordia le seguirán por siempre. Esto es algo que, a veces, como cristianos nos es difícil de decir. Tienes delante de ti la evidencia de que Dios te cuida y te sustenta, de que en verdad adereza mesa delante de ti, de que ciertamente unge tu cabeza con aceite, de que tu copa está rebosando de forma generosa, y aun así te cuesta afirmar que el resto de tus días vaya a ser de la misma forma. ¿Por qué dudas de que el favor del Señor vaya a continuar? Si miras tu existencia y ves Su cuidado en el presente y en el pasado, ¿por qué en el futuro no seguiría cuidando de ti de forma sorprendente?

Aquellos que somos ovejas del Señor lo somos para siempre. Si hemos sido recibidos en Su casa seremos Sus huéspedes eternamente. Por ello el salmista afirma que así será por el resto de sus días. Dios mantiene la copa de Su gracia siempre llena. Nos lo recuerdan estas estrofas diciendo: «Ciertamente el bien y la misericordia me seguirán todos los días de mi vida». Aquí el verbo que se traduce por «me seguirán» es *radáf*, que también podría traducirse como «me perseguirán». ¡Qué bendita realidad! Dios envía constantemente a nuestras vidas Su bondad *(tov)* y Su misericordia *(hésed)* como dos camareros supereficientes para no permitir que la copa de Su gracia deje de rebosar ni un instante por mucho que bebamos de ella.

3. Mateo 26:27-28.

Este salmo te recuerda que, por más que lo intentaras, jamás podrías huir del favor del Señor. Eres de Su propiedad. Le perteneces. Tu buen Pastor cuida de aquello que es suyo. Su cuidado es inagotable. La copa de Su favor no rebosa para luego vaciarse. Cuando crees que ya no hay más perdón, bebes de la copa de Su gracia y la copa se vuelve a llenar. Cuando necesitas más de Su compañía, bebes de la copa de Su gracia y la copa se vuelve a llenar. Cuando quieres más de Su amor, más de Su protección, más de Su bondad, más de Su paciencia, más de Su sabiduría, bebes de la copa de Su gracia y a cada sorbo comprueban tus ojos que la copa se vuelve a llenar.

¡Qué contraste tan hermoso! Apenas unas estrofas atrás tus enemigos te perseguían pero ahora puedes cenar en presencia de tus angustiadores. Ya no son tus enemigos los que corren detrás de ti, sino las misericordias del Señor. Es Su gracia la que te persigue y te alcanza. Meditar en esta verdad puede llevar a algunos a abusar de Su bondad, a pecar confiando en un perdón inacabable. Tal actitud es deplorable, pero igual de feo es pensar que la gracia de Dios caduca. Nunca pienses que Su favor puede secarse como un torrente en verano o amustiarse como la flor de un día. Cuando creas que Dios ya agotó Sus fuerzas contigo, que ya no le queda paciencia para alguien como tú, regresa a este salmo para recordar deslumbrado que tu copa aún sigue rebosando.

Gracias, Señor, porque por más que bebo de tu copa, tu gracia nunca se agota.

Confórtame, Señor

1. ¿Te has acercado a la mesa del Señor? ¿De qué copa has bebido?
2. ¿De qué manera has visto el favor del Señor para contigo?
3. ¿Recuerdas alguna ocasión en la que pensabas que no había más gracia para ti, y el Señor te mostró Su copa llena de nuevo?
4. ¿Qué evidencias tienes de que Su favor continuará durante toda tu vida?

24

Por largos días

Dejo mi cuerpo en el polvo, no confiándolo a una tumba sino a ti.
Por tanto, mi carne descansará en esperanza, hasta que
la levantes para poseer el descanso eterno.[1]

Richard Baxter

Si el Salmo 23 fuera una composición musical, sería una sinfonía preciosa. En estos últimos momentos podríamos apreciar cómo la pieza sube de tono y la melodía avanza *in crescendo*. En los compases finales nos habla de una copa que rebosa, y lo hace como si el mismísimo salmo estuviera a punto de derramarse. El salmo destila la gracia de Dios por los cuatro costados. El Pastor celestial no solo corona tu cabeza de favores sino que aquella bondad que te ha perseguido durante toda tu vida te conducirá aún más lejos, hasta la casa celestial en la que eternamente habitarás. Así concluye la última estrofa de esta poesía: «Y

1. Baxter, Richard, *The Saints' Everlasting Rest*, abreviado por Benjamin Fawcett (Nueva York: American Tract Society, 1824), 438.

en la casa de Jehová moraré por largos días». Sus palabras nos recuerdan a las de otro hermoso canto, cuando David exclama en el Salmo 27:4:

> Una cosa he demandado a Jehová, esta buscaré;
> Que esté yo en la casa de Jehová todos los días de mi vida,
> Para contemplar la hermosura de Jehová, y para inquirir en su templo.

Estos versos tienen su semejanza, pero las expresiones que usan son diferentes. En el Salmo 27 David pide estar en la casa del Señor *todos los días de su vida*, o sea, todos los días de su andadura terrenal. En el Salmo 23, sin embargo, el salmista afirma que morará en la casa de Jehová *por largos días*. ¿Y a cuántos días se refiere David con estas palabras? ¿Cuán largos son esos largos días? La misma expresión hebrea, *leorej yamim*, se traduce de la siguiente manera cuando aparece de nuevo en el Salmo 93:5: «Tus testimonios son muy firmes; la santidad conviene a tu casa, oh Jehová, *por los siglos y para siempre*».

Sin duda, estas dulces palabras describen el cuidado del Señor por ti a lo largo de tu peregrinaje en la tierra y resalta que Su pastoreo no concluye a las puertas del más allá. Cuando llegues al dintel de la muerte, tu Pastor no te dirá: *Hasta aquí te puedo ayudar. No puedo acompañarte más. Te deseo lo mejor, sea lo que sea que encuentres al otro lado.* Tu Pastor eternal no te soltará jamás de la mano. El final de este salmo apunta muy alto. El Señor te llevará con Él donde morarás eternamente para disfrutar de realidades aún más excelentes de Su cuidado paternal. Si aquí Su provisión ha sido patente, allá será aún más evidente *por los siglos y para siempre*. Si tú eres de Cristo, puedes tener en lo profundo de tu corazón esta certeza inquebrantable. Sabes que vivirás toda la vida rodeado de Su amor, y que al hallarte frente al río de la muerte para cruzar a la otra orilla, tan solo seguirás maravillándote de Su bondad *por largos días*.

Si Él nos hizo cruzar el Mar Rojo en seco, ¿cómo no habrá de cruzar con nosotros este último río? Si aquí el Señor nos dio maná del cielo, ¿qué maná probaremos cuando vayamos allá de dónde el maná vino? Somos Su familia, Su cuerpo, Su rebaño, y como pueblo suyo estamos ahora paladeando un poco de lo que será una eternidad llena de Sus cuidados. La comunión de los santos es la antesala del cielo. Habitar los hermanos juntos en armonía es delicioso y es bueno, pero las vivencias presentes de la Iglesia tan solo son preludio de una realidad mucho más excelsa. Mientras habitamos en la tierra gozamos del Señor que nos dio Su Espíritu, pero allí tendremos Su presencia cara a cara. Aquí disfrutamos de Su guía a través de Su Palabra, pero allí escucharemos Su voz dulce y clara. Aquí experimentamos una unidad sobrenatural con los creyentes, pero allí la comunión no tendrá traba porque seremos una nación totalmente purificada. Llegar a Su casa superará con creces todo aquello que habíamos soñado. Cuando vino, no tuvimos lugar para Él en el mesón. Cuando vayamos, nos habrá preparado lugar en Su mansión. ¡Qué bienvenida recibiremos! En Su presencia hay plenitud de gozo y delicias a Su diestra para siempre.[2] Nos deleitaremos de todo aquello que ahora tan solo podíamos degustar de forma tenue. El gozo será pleno. La fe confirmada. La esperanza satisfecha. Las lágrimas enjugadas. La excelencia de Su bondad será, sin duda, algo que ningún ojo vio ni oído oyó. Anhelamos que llegue ese día cuando estemos con Él por siempre. Nos sentaremos a Su mesa eternamente, con nuestras copas llenas y nuestras cabezas ungidas con aceite.

Si aquí el Señor nos dio maná del cielo, ¿qué maná probaremos cuando vayamos allá de dónde el maná vino?

Nuestro salmo acaba expresando el deseo de ver esos largos días en la presencia de nuestro Pastor eterno y queriendo experimentar esa bendición y ese gozo perfecto. Él vino a pastorearte, y Su obra en ti no acabará hasta tenerte a Su lado por un tiempo inacabable. Recuerda que te creó con Sus propias manos y te dio la vida con el aliento de Su boca. Recuerda que te creó para depender de Su voz; y así como el pez vive en el agua y el ave surca el cielo, tú no puedes dejar de habitar en Su Palabra que te da vida y sustento. Nuestros primeros padres oían la voz de su Creador y ese sonido los confortaba, y así mismo en el paraíso podrás oír Su voz eternamente para bien de tu alma. Su Palabra te ha dado la vida. Ha hecho de ti una nueva criatura y ha estado santificando tu ser a lo largo de toda tu historia. Su Palabra te ha sostenido y guardado de todo mal. Su Palabra te ha guiado y

2. Salmo 16:11.

consolado en la adversidad. Así está siendo ahora y así será por siempre porque Su voz no cesará de acariciar tu alma cuando estés junto a Él en la gloria. Cuando estés ante Su presencia, tus oídos estarán aún más atentos de lo que jamás hayan estado. Sus ovejas oyen Su voz. Nuestro Señor recuperó el Edén perdido por nuestra rebelión, y allí seremos ovejas de Su prado por siempre. Al llegar al paraíso beberemos en plenitud de esas aguas claras y gustaremos de los manjares que esos verdes prados nos deparan. ¿Lo crees? ¿Lo esperas? ¿Lo anhelas? A pesar de las pruebas de esta vida no dudes de Su cuidado eterno. Nada ni nadie te podrá separar del amor de Dios que es en Cristo Jesús Señor nuestro.[3] Aunque mil demonios pretendieran con sus zarpas abrir Su mano celestial, Él no te soltaría jamás.[4] Él no pierde a ninguna de Sus ovejas. Ni aun la muerte podrá retener lo que a Él le pertenece. Sus ovejas no perecerán jamás sino que vivirán eternamente y su Amo las pastoreará por siempre. Cuando estemos en Su presencia nuestras túnicas blancas pregonarán Su justicia y cantaremos Sus bondades con un corazón agradecido. Cuando entremos en Su casa, nuestros pesares serán pasados, nuestras carencias cubiertas, y hasta la muerte será sorbida. Cuando lleguemos al cielo veremos que el Pastor celestial es Aquel que por nosotros tomó forma de Cordero.

Gracias, Señor, porque tu misericordia conmigo es eterna.

Confórtame, Señor

1. ¿Temes a la muerte? ¿Qué es exactamente lo que temes cuando piensas en el último día de tu vida?
2. ¿Tienes esta certeza descrita por el salmista? ¿Sabes que estarás en la casa del Señor *por largos días*?
3. ¿En qué basas tu certeza? ¿Y si dudas, en que basas tus dudas?
4. ¿Qué cosas anhelas ver satisfechas cuando llegues a Su presencia?

---

3. Romanos 8:38-39.
4. Juan 10:28.

25

El Buen Pastor

Como pastor apacentará su rebaño;
en su brazo llevará los corderos,
y en su seno los llevará.

Isaías 40:11

Muchos de los grandes hombres de Dios que encontramos en las páginas de la Biblia fueron pastores de ovejas. Abraham tenía grandes rebaños. Moisés pastoreó en Madián. José cuidaba de los corderos de su padre Jacob. Estos hombres, además de pastores de ovejas, fueron también pastores de Israel. El joven David, después de haber sido ungido por Samuel, defendió a su pueblo con la misma honda con la que protegía a sus corderos. Pero Dios no solo protegió a Su rebaño usando pastores humanos, sino que prometió que Él mismo vendría a pastorearnos. El cuidado que Dios expresa por los suyos le lleva a encontrarse cara a cara con Su pueblo. Este es un pensamiento sublime. Cuántos generales dirigen a su ejército por medio de sus capitanes. Cuántos amos administran sus posesiones enviando a sus criados. Pero Jehová no es un Dios distante. Quiso estar tan cerca de nosotros como para poder guiarnos con Sus propias manos, hablarnos muy de cerca al oído y asirnos en Sus fuertes brazos. El profeta Ezequiel lo describe así:

> Porque así ha dicho Jehová el Señor: He aquí yo, yo mismo iré a buscar mis ovejas, y las reconoceré. Como reconoce su rebaño el pastor el día que está en medio de sus ovejas esparcidas, así reconoceré mis ovejas.[1]

¿Y es cierto esto? ¿Sucedió así como anunciara el profeta? En efecto. Jehová mismo vino a juntar a Su rebaño y lo apacentó de cerca. Qué hermoso resulta meditar en esto. Dios descendió. El Creador se hizo carne y nos visitó para reunirnos en Su redil y cuidar de nosotros. Jehová en persona cumplió todas Sus promesas y bajó del cielo para rescatar a Sus corderos. Sí, Jesús nació en Belén y habitó entre nosotros. Él tomó forma humana para reunirnos con Su voz, para pagar nuestro rescate, para llevarnos a Su mansión. Jesús es el pastor del Salmo 23. Él es *el gran pastor de las ovejas*. Él es *el pastor de nuestras almas*.[2] Él nos habla de sí mismo con estas bellas palabras:

> Yo soy el buen pastor; el buen pastor su vida da por las ovejas.
> Yo soy el buen pastor; y conozco mis ovejas, y las mías me conocen.
> Mis ovejas oyen mi voz, y yo las conozco, y me siguen.[3]

Después de explicar la parábola del redil, el Señor Jesús continúa enseñando sobre este mismo tema. Nos dice que Él es la Puerta de las ovejas, que los verdaderos pastores entran por Él, y que nosotros también debemos entrar por Él para poder andar por los verdes pastos. Jesús es el Buen Pastor de las ovejas y las conoce por nombre. Jesús es quien entrega Su vida por ellas para rescatarlas. No es casualidad que el Señor diga de forma enfática hasta dos veces: «Yo soy el buen pastor».

> Yo soy el buen pastor; el buen pastor su vida da por las ovejas. Mas el asalariado, y que no es el pastor, de quien no son propias las ovejas, ve venir al lobo y deja las ovejas y huye, y el lobo arrebata las ovejas y las dispersa. Así que el asalariado huye, porque es asalariado, y no le importan las ovejas. Yo soy el buen pastor; y conozco mis ovejas, y las mías me conocen, así como el Padre me conoce, y yo conozco al Padre; y pongo mi vida por las ovejas.

1. Ezequiel 34:11-12.
2. Hebreos 13:20 y 1 Pedro 2:25.
3. Juan 10:11,14,27.

> También tengo otras ovejas que no son de este redil; aquellas también debo traer, y oirán mi voz; y habrá un rebaño, y un pastor. Por eso me ama el Padre, porque yo pongo mi vida, para volverla a tomar. Nadie me la quita, sino que yo de mí mismo la pongo. Tengo poder para ponerla, y tengo poder para volverla a tomar. Este mandamiento recibí de mi Padre (Juan 10:11-18).

El contraste entre los fariseos y el Señor Jesús es inmenso. Mientras los líderes religiosos oprimen a las ovejas con su legalismo, Jesús ama a Sus corderos guiándolos con ternura. Mientras los ladrones roban y hurtan, el Buen Pastor entrega Su propia vida por Su rebaño. Jesucristo es el Buen Pastor, pero Él no es el Buen Pastor porque supere a todos los demás en virtudes como la bondad, la excelencia o la dedicación. Sin duda los supera. Jesús es mejor que Moisés, o David o José, pero la diferencia entre Jesús y los demás pastores no es *cuantitativa*, sino *cualitativa*.

Dicho de otro modo, en esta tierra hay tres grupos de pastores. Por un lado tenemos a los pastores *falsos*, que no son más que ladrones que procuran su propio beneficio en perjuicio de las ovejas. Son en realidad lobos vestidos de cordero que devoran el rebaño buscando su propio provecho. Por otro lado tenemos a los pastores *verdaderos*, los que entran por la puerta y sirven al rebaño con dedicación. Son siervos del Señor llamados a pastorear Su rebaño bajo las órdenes de Jesús, el Príncipe de los pastores. Y finalmente tenemos en tercer lugar al *Buen Pastor*. En esta tercera categoría de pastores, tan solo hay *uno*. Jesús no dice: «Yo Soy *un* Buen Pastor», ni tampoco: «Yo Soy *el Mejor* de los Pastores», sino: «Yo Soy *el* Buen Pastor». Es difícil expresar en nuestro idioma lo que describe este pasaje en griego, pero una traducción literal podría ser: «Yo Soy *el* Pastor *el* Bueno». Pastores falsos, desgraciadamente hay muchos. Pastores verdaderos, gracias al Señor hay muchos. *Buen Pastor*, tan solo hay uno. Si buscas que esa clase de pastor apaciente tu alma, te aseguro que tan solo la encontrarás en Cristo. Él te pastorea de una manera, en un sentido y con un poder con el cual nadie más puede pastorear al pueblo de Dios.

A veces queremos consolar a alguien y nos apresuramos a decirle: *Jesús puede cuidar de ti mejor de lo que te podamos cuidar tus pastores y tus hermanos.* La intención es buena, pero la idea es desatinada. El

Buen Pastor es Jesús de Nazaret, y los cuidados que puedan brindar los pastores terrenales tan solo serán útiles cuando sean usados por Él para el cuidado de las almas. No hay nadie como Cristo. No es que Jesús cuide de ti mejor que otros, sino que nadie puede cuidarte como Jesús te cuida. La sequedad espiritual llega a tu vida cuando esperas de alguien lo que solo Jesús puede darte. Muchos pastores caen en el desánimo y el agotamiento porque sus feligreses demandan de ellos lo que solo Jesús puede hacer. Solo Jesús es la Puerta. Solo Jesús es quien llama. Solo Jesús entrega Su vida. Solo Jesús protege tu ser. Solo Jesús conforta tu alma.

La sequedad espiritual llega a tu vida cuando esperas de alguien lo que solo Jesús puede darte.

Jesús es el Señor del que el profeta Ezequiel hablaba. Jesús es Dios mismo que vino en persona a pastorear tu alma. Jesús es *Emanuel,* Dios con nosotros. Jesús es el Señor, *Adonai.* Cuando leemos el Salmo 23 y decimos *Adonai es mi Pastor* estamos pregonando el cuidado excelso de Aquel que para pastorearnos descendió desde los cielos. ¿Eres tú una oveja de Su rebaño? ¿Eres un cordero rescatado por Sus fuertes brazos? Ven a Él. Encuéntrate cara a cara con el Señor. Jesús es el Buen Pastor.

Gracias, Señor, por venir en persona a buscarme y por querer pastorearme.

Confórtame, Señor

1. ¿Ha habido falsos pastores en tu vida? ¿Eran lobos? ¿Asalariados?
2. ¿Ha habido buenos pastores en tu vida? ¿Qué bendiciones han aportado a tu andar con el Señor?
3. ¿Has estado esperando de los hombres lo que solo Jesús te puede dar?
4. ¿De qué manera Cristo te pastorea como nadie jamás podría?

26

Conozco a mis ovejas

No temas, porque yo te redimí;
te puse nombre, mío eres tú.

Isaías 43:1

Estar con amigos es una experiencia reconfortante. Sabes que buscan tu bien. Sabes que puedes confiar en ellos. Sabes que no tienes por qué demostrar nada porque te conocen y te aprecian. La mirada de un amigo dice más que mil palabras, y sus gestos te dan a entender que comprende tus inquietudes. Estar cerca de Jesús supera con creces esta hermosa sensación. Él es tu amigo, y más aún, es tu Pastor celestial. Jesús te conoce como nadie en el mundo y en Su presencia puedes estar confiado. Él sabe tus problemas antes de que los puedas pronunciar. Conoce tu carácter, tus temores, tus anhelos. El pastor celestial conoce a Sus ovejas y en seguida se da cuenta de su necesidad. Conocemos muy bien la parábola de aquel pastor que contando sus ovejas se percata de la ausencia de una y dejando las noventa y nueve sale en busca de la descarriada. El pastor conoce a sus ovejas y no se olvidará de ninguna de ellas. No abandonará a las que son de su rebaño.[1]

1. Mateo 18:12-13.

El pastor conoce bien a sus corderos y los distingue de los que son ajenos. No abandona a la oveja que es de su propiedad, pero tampoco se lleva a casa la que no le pertenece. A veces, las ovejas de otros propietarios se mezclan en el prado o descansan juntas en un mismo redil, pero oyendo la voz de su amo salen de en medio del rebaño para seguir a su pastor. Esta es la imagen que Jesús nos presenta en los evangelios. El pastor *llama a sus ovejas por nombre, y las saca. Y cuando ha sacado fuera todas las propias, va delante de ellas*. Jesús conoce las que son suyas. ¿No te parece asombroso? Jesús te conoce a ti. Por nombre. Aunque te parezca increíble, es así. Aun habiendo millones de discípulos suyos en el mundo, Jesús te conoce a ti de una forma particular. Conoce tus pensamientos y emociones, tus luchas e inquietudes, tus necesidades y temores. Cuando cierras la puerta de tu habitación y te presentas ante Él en oración, tal vez puedes preguntarte: *Señor, ¿de verdad me escuchas?*, y en ese instante te invade la inmensa certeza de saber que Su mirada está puesta sobre ti. El conocimiento que Jesús tiene no es meramente intelectual. Sin duda Jesús conoce todo de ti, pero te conoce a ti de una forma especial.

Sin duda Jesús conoce todo de ti, pero te conoce a ti de una forma especial.

Debemos recordar que, a pesar de que el Nuevo Testamento fue escrito en griego, nos encontramos muchas veces con *hebraísmos* en los que los autores escriben en griego ciertas expresiones hebreas. En Juan 10 Jesús pronuncia las siguientes palabras:

> Yo Soy el buen pastor; y *conozco* mis ovejas, y las mías me *conocen*, así como el Padre me *conoce*, y yo *conozco* al Padre; y pongo mi vida por las ovejas (Juan 10:14-15).

Aquí el verbo griego *ginósko* apunta claramente al verbo hebreo *yadá* que se refiere a un conocimiento mucho más profundo de lo meramente intelectual. *Yadá* no es un conocimiento cualquiera. *Yadá* expresa intimidad, relación, proximidad, comunicación. *Yadá* describe una cercanía exclusiva y especial con algo o con alguien. Un conocimiento experiencial. Un acercamiento con un favor único hacia el otro. *Yadá* no es conocer con el cerebro. Es conocer con el alma.

Por eso Jesús nos dijo: «Nadie *conoce* quién es el Hijo sino el Padre; ni quién es el Padre, sino el Hijo, y aquel a quien el Hijo lo quiera revelar»; y también «*conoceréis* la verdad, y la verdad os hará libres».[2] Mucha gente conoce a Dios y conoce la verdad en un sentido intelectual, pero pocos conocen a Dios y conocen la verdad con este conocimiento experiencial al que apunta *yadá*.

El Buen Pastor *conoce* a Sus ovejas. No solo conoce datos sobre ellas, sino que tiene una relación próxima con cada una. Se ha acercado a Sus corderos y los conoce, «así como el Padre me conoce, y yo conozco al Padre». *Yadá* expresa nuestra cercanía con el Señor y es también el principio de nuestra salvación. A veces nos maravillamos meditando en lo sublime que es la doctrina de la elección, pero nos sorprende pensar que antes de que Dios nos escogiera está *yadá*.

> Y sabemos que a los que aman a Dios, todas las cosas les ayudan a bien, esto es, a los que conforme a su propósito son llamados. Porque a los que antes *conoció*, también los predestinó para que fuesen hechos conformes a la imagen de su Hijo, para que él sea el primogénito entre muchos hermanos (Rom. 8:28-29).

«A los que antes *conoció*, también los predestinó», dice este pasaje. Si se refiriera a un conocimiento intelectual, todo el mundo sería salvo. El cielo estaría lleno, y el infierno vacío. Pero este conocimiento no es frío. Dios no solo conoce algo de Sus ovejas, sino que las conoce a ellas. Dios *conoció* a los suyos, se acercó a ellos, con un trato de favor nacido de Su voluntad soberana.

Recuerdo un verano en el que estaba en Filadelfia por estudios y, como tenía un día libre, decidí visitar Washington. Estuve viendo varios monumentos, y cuando andaba frente a la Casa Blanca empezó a caer el diluvio universal. Me estaba empapando con esa lluvia torrencial y corrí a un puesto que regentaba un simpático coreano al que le compré un enorme paraguas negro. De regreso a Barcelona aparecí en casa con ese inmenso paraguas y les expliqué a Elisabet y a nuestros hijos que en Washington se había puesto a llover tan fuerte que «me habían dado el paraguas en la Casa Blanca». La broma estaba servida.

---

2. Lucas 10:22 y Juan 8:32.

Seguí mi relato surrealista explicando que el presidente de los Estados Unidos vio desde la ventana de su despacho que me estaba mojando, y que salió presuroso y me dijo: «*¡Eh, David! Toma mi paraguas. No te mojes, amigo*». La historieta provocó las risas de los niños. Era cierto que llovía mucho. Era cierto que estaba frente a la Casa Blanca. Era cierto que el presidente estaba dentro. Era cierto que yo conocía quién era el presidente... pero el presidente no me conocía a mí.

Del mismo modo, la gran pregunta que debes responder en esta vida no es si *tú* conoces a Dios, sino más bien si *Dios* te conoce a ti. En el día final, de nada te servirá golpear la puerta de la Ciudad Celestial diciendo: «*Déjenme pasar, yo conozco a Dios*». A aquellos que nunca tuvieron esa cercanía con Él, el Señor tan solo les contestará: «Nunca os *conocí*».[3] ¿Te conoce Dios? ¿Se ha acercado a ti de una forma personal y poderosa? ¿Te ha amado con ese amor especial? ¿Te ha llamado por tu nombre? ¿Eres una oveja de Su redil? ¡Clama a Él pidiéndole que tenga misericordia de ti! El Señor quiere acercarse a ti y conocerte de una forma personal.

Aquellos que tenemos una nueva vida, la tenemos «conociendo a Dios, o más bien, siendo conocidos por Dios».[4] Este es el mayor motivo de gozo en el corazón del cristiano. Da gracias a Dios porque Él te conoce. Gloria al Señor, que antes de la fundación del mundo tu Buen Pastor puso Sus ojos sobre ti. El Buen Pastor *conoce* a Sus ovejas. Él se acercó a ti. Él se gozó al pensar en la obra maravillosa que iba a hacer contigo. Él te amó con un amor infinito. Él escribió tu nombre en el Libro de la Vida. Eres de Su propiedad. Estás en Sus poderosas manos. Da gracias a Dios, porque antes de la fundación del mundo, Jesús *te conoció*.

Gracias, Señor, por la paz de saber que tú me conoces.

3. Mateo 7:23.
4. Gálatas 4:9.

Confórtame, Señor

1. ¿Estás convencido de que Jesús lo sabe todo de ti? ¿Qué es lo que más te sorprende que Él pueda saber?
2. ¿Puedes describir con tus propias palabras la expresión «*conozco* mis ovejas» de Juan 10?
3. ¿Conoces a Jesús, o te conoce Él a ti?
4. Si Él en verdad te conoce, ¿qué ha prometido hacer contigo?

27

Su vida da

Mas él herido fue por nuestras rebeliones,
molido por nuestros pecados; el castigo
de nuestra paz fue sobre él,
y por su llaga fuimos nosotros curados.

Isaías 53:5

En el año 2012 un capitán de cuyo nombre no quiero acordarme se hizo muy famoso. Su barco naufragó al acercarse demasiado a una pequeña isla de la Toscana, y el susodicho fue uno de los primeros en abandonar el navío buscando refugio en el pueblo más cercano. Tras un largo juicio, su temeridad y cobardía lo llevaron a prisión. Hizo lo contrario de lo que se espera de un líder comprometido. No podemos imaginarnos a un bombero saliendo del edificio en llamas y dejando gente dentro. Resulta difícil creer que un padre de familia procurara su propio bien a expensas de sus hijos. Del mismo modo, entendemos que un pastor estará dispuesto a enfrentarse a las fieras a fin de proteger a sus ovejas. El rey David fue pastor en su juventud, y al ofrecerse voluntariamente para luchar contra Goliat le dijo a Saúl:

Tu siervo era pastor de las ovejas de su padre; y cuando venía un león, o un oso, y tomaba algún cordero de la manada, salía yo tras él, y lo hería, y lo libraba de su boca; y si se levantaba contra mí, yo le echaba mano de la quijada, y lo hería y lo mataba. Fuese león, fuese oso, tu siervo lo mataba; y este filisteo incircunciso será como uno de ellos, porque ha provocado al ejército del Dios viviente (1 Sam. 17:34-36).

Así como David mató a Goliat, Jesús nuestro Buen Pastor enfrenta y derrota a nuestros enemigos. No hay nadie como Él. Los pastores terrenales no son más que *subpastores*. El Pastor con mayúscula es Jesús de Nazaret, el Príncipe de los pastores.[1] Su implicación no puede ser mayor. Es tal el amor, la cercanía y la relación que tiene con Sus corderos que incluso entrega Su vida por ellos. ¡Qué valentía! ¡Qué coraje! ¡Qué amor el que nos tiene! Una entrega tan grande, como para dar Su propia sangre. El que no ama a las ovejas, porque no son suyas, las abandona cuando se acerca el peligro. Los fariseos estaban más preocupados por su reputación que por las ovejas del Señor, y son un perfecto ejemplo de los asalariados de los que habla Jesús.

Mas el asalariado, y que no es el pastor, de quien no son propias las ovejas, ve venir al lobo y deja las ovejas y huye, y el lobo arrebata las ovejas y las dispersa. Así que el asalariado huye, porque es asalariado, y no le importan las ovejas (Juan 10:12-13).

Donde no hay amor, hay abandono. Pero Jesús es el Buen Pastor y entrega Su vida por nosotros. Él es el capitán que se queda en el barco para asegurarse de que estamos a buen recaudo. Él es el bombero que enfrenta las llamas para ponernos a salvo. Él es el pastor que lucha con las fieras poniendo su vida en riesgo. Jesús da Su vida por las ovejas. Pero no la da como nosotros la podríamos dar. Él la entrega para luego volverla a tomar.[2]

Yo pongo mi vida, para volverla a tomar. Nadie me la quita, sino que yo de mí mismo la pongo. Tengo poder para ponerla, y tengo poder para volverla a tomar (Juan 10:17-18).

---

1. 1 Pedro 5:4.
2. Juan 10:17-18.

Su entrega no es un simple acto de resignación, sino una muestra de Su amor y Su poder. Su sacrificio tampoco es solo un ejemplo de altruismo y moralidad. Algunos predican un evangelio hueco, poniendo a Jesús como un simple ejemplo. Imagina a las ovejas del rebaño diciendo: *«Nuestro pastor entregó su vida por nosotras. Ahora nos toca morir las unas por las otras siguiendo su ejemplo»*. El lobo, al escuchar tales cosas se frotaría las manos y relamiéndose diría: *«Eso, eso. Ahora morid las unas por las otras. Aquí os espero»*. Pero eso no es el evangelio. La entrega de Cristo sin duda es un modelo perfecto de abnegación, pero el servicio mutuo no nos salva. No te salva imitar a Jesús en Su muerte. Si la muerte del Pastor fuera tan solo un ejemplo, hubiera sido una muerte inútil. Una vez muerto el Pastor, las ovejas hubieran quedado del todo indefensas. Pero la muerte de Jesús es mucho más que eso. Es un rescate. Su entrega no es una simple moraleja. Es un pago en efectivo que compra tu descanso y de la muerte te libera. «El Buen Pastor su vida da *por* las ovejas», en lugar de las ovejas, a favor de las ovejas, reemplazando a las ovejas. Una vez muerto el Buen Pastor, las ovejas están libres. Tras Su sacrificio, los corderos están a salvo porque «el castigo de nuestra paz fue sobre él, y por su llaga fuimos nosotros curados».[3]

Su entrega no es una simple moraleja. Es un pago en efectivo que compra tu descanso y de la muerte te libera.

¿Sientes esta liberación? Si Él dio Su vida en tu rescate, ya no tienes nada que temer. Aunque el lobo aceche y el asalariado huya, el Buen Pastor Su vida da por las ovejas. Lo más importante es centrar tu mirada en Él. ¡Míralo a Él! En el pasaje antes citado de Juan 10 parece como si estuviéramos mirando alrededor para ver el panorama. Echamos un vistazo a las fauces del lobo, para presenciar la huida del jornalero, y volver de nuevo a contemplar maravillados la valentía del Buen Pastor. Qué viaje tan curioso hacen a veces nuestros ojos. Como si dieran una vuelta en redondo. Empiezan en Jesús y terminan en Jesús: Buen Pastor, asalariado, lobo... lobo, asalariado, Buen Pastor.

3. Isaías 53:5.

¿Y no sucede eso en medio de las pruebas que enfrentas? Fijas tus ojos en Cristo. Las luchas cotidianas pretenden alejar de Él tu mirada. Tu corazón a veces desfallece y el ruido de las olas secuestra tu atención.[4] Entonces tus ojos, dejando las penurias que te envuelven, regresan a Jesús para encontrar reposo en Su poder. Él entregó Su vida para comprar a Su rebaño, y en Su muerte nos dio descanso. Spurgeon comenta con acierto que los salmos no están dispuestos al azar. Teniendo esto en mente descubrimos que justo antes del salmo del Pastor celestial tenemos el salmo de la cruz:[5]

> Dios mío, Dios mío, ¿por qué me has desamparado?
> Porque perros me han rodeado;
> Me ha cercado cuadrilla de malignos;
> Horadaron mis manos y mis pies.
> Contar puedo todos mis huesos;
> Entre tanto, ellos me miran y me observan.
> Repartieron entre sí mis vestidos,
> Y sobre mi ropa echaron suertes (Sal. 22:1,16-18).

En el Salmo 22, el rey David expresa su angustia, y en el 23 su confianza. El Salmo 22, de forma profética mira hacia Cristo y anuncia Su entrega. Es Cristo quien sufrió la lejanía del Padre, quien vio Sus manos perforadas y contempló cómo echaban suertes sobre Sus ropas. El Salmo 22 presenta los sufrimientos del Buen Pastor que es inmolado para que la oveja del Salmo 23 disfrute del mayor de los descansos. Eso es lo que ha hecho Jesús contigo. Él sufrió el Salmo 22 para que tú gozaras el Salmo 23. Por Su herida tú fuiste sanado. Por Su llaga tú fuiste curado. Con Su sangre preciosa te ha comprado.

Gracias, Señor, por entregar tu vida en mi favor.

---

4. Mateo 14:30.
5. Spurgeon, *Treasury*, 353.

Confórtame, Señor

1. ¿Has sufrido el abandono de aquellos que estaban cerca pero no te amaban?
2. ¿De cuántas maneras el Señor te ha protegido? ¿Cómo ha sido Él tu roca y tu escudo?
3. ¿Ha entregado Jesús Su vida en tu lugar?
4. ¿Cómo has de vivir ahora a la luz de esa verdad?

28

¿Oyes Su voz?

Nacemos como leones, tigres, lobos y osos, hasta que el Espíritu de Cristo nos doma, y de ser bestias salvajes en ovejas mansas nos transforma.[1]

Juan Calvino

Moisés fue un hombre muy usado por el Señor. Desde su niñez la providencia le envolvió para cumplir en su vida los grandes propósitos de Dios. En Egipto fue rescatado de las aguas y educado en palacio por la hija de Faraón. En Madián pastoreó las ovejas de su suegro Jetro y escuchó la voz de Dios desde una zarza ardiente. Moisés fue llamado por su nombre, y Jehová le envió de regreso a Egipto para sacar a Israel de la servidumbre. Moisés habló con firmeza a Faraón. Moisés fue instrumento del cielo para castigar a los egipcios. Moisés enseñó al pueblo la voluntad de Dios. A través de Moisés, Jehová abrió el mar Rojo, trajo maná del cielo, hizo brotar la peña, guio a Israel en el desierto. ¿Y qué tenía de especial Moisés para ser tan usado por

1. Calvino, J., *Commentary on the book of Psalms*. Calvin's Commentaries, vol. IV (Grand Rapids: Baker Books, 2003), 399.

Dios? Si tuviéramos que escoger un líder para una misión tan grande, tal vez buscaríamos a alguien con un temperamento decidido, alguien firme y con mucha iniciativa, alguien con un criterio marcado sobre las cosas de la vida. Pero las Escrituras nos destacan tan solo un rasgo del carácter de Moisés:

> Y aquel varón Moisés era muy manso, más que todos los hombres que había sobre la tierra (Núm. 12:3).

La mansedumbre y docilidad son distintivas de una oveja del Señor que sigue sosegadamente Su voz. Moisés tenía que ser manso para escuchar al Señor con reverencia y poner Sus palabras por obra. Tenía que ser manso para no confiar en su propia prudencia y descansar en los pensamientos de Dios. Tenía que ser manso para poder soportar la rebeldía del pueblo, esperando confiadamente en el Señor. Aquel joven Moisés que en un arrebato mató un egipcio con sus propias manos, había sido moldeado por Dios en Madián. Moisés, el pastor de Israel, era ahora un hombre manso que estaba siendo pastoreado por el Pastor celestial.

La mansedumbre es vital para la oveja. La oveja no es un animal muy inteligente. Más bien todo lo contrario. La oveja con facilidad se pierde. Se extravía. Por sí sola no encuentra comida. No es capaz de huir ni defenderse. Si en el arca, Noé hubiera hecho un examen para distribuir a los animales según su intelecto, seguramente la oveja hubiera quedado la penúltima, solo por delante del perezoso. A pesar de su ineptitud hay algo que la oveja sin duda conoce: la voz de su pastor. Cuando su pastor la llama, levanta la cabeza y fija sobre él sus ojos. Cuando escucha su voz, le resulta tan inconfundible que tan solo puede dirigir hacia él sus pasos. Pero lo más asombroso de la oveja no es su capacidad de atender al llamado de su pastor, sino su pasividad ante otras voces extrañas. Si la voz que escucha no es la de su dueño, ella sigue pastando tranquila como si oyera el ruido del viento.

A pesar de su ineptitud hay algo que la oveja sin duda conoce: la voz de su pastor.

¿Y no sucede lo mismo contigo y conmigo? Hacemos oídos sordos a otras voces, y respondemos tan solo a la de nuestro Amo. El cristiano reconoce la voz de su Pastor celestial. ¿Recuerdas cuando la escuchaste por primera vez? Si en verdad eres del Señor, hubo un momento en el que escuchaste cómo te llamaba Su voz. Así como hizo con Lázaro, Él te llamó por tu nombre para sacarte de tu sepulcro espiritual. Al oírle, tu corazón latió de alegría. Levantaste la mirada y poniendo sobre Él tus ojos diste rumbo a tus pasos. Como Mateo, le oíste decir «sígueme», y tomaste su mismo sendero. Ahora tu existencia finalmente tiene sentido. Ahora ves que siempre habías sido suyo. Qué gran misterio hallamos en Sus palabras, porque Jesús no dijo: «El que oye mi voz, llega a ser mi oveja», sino: «Mis ovejas oyen mi voz». Hay ovejas del Señor que han escuchado Su llamado y ya lo siguen, pero hay otras muchas que, aun siendo suyas, todavía tienen que escuchar Su llamado para seguirlo el resto de sus días. La voz del Pastor marca el inicio de nuestro peregrinaje espiritual. La voz del Pastor hace la diferencia. Aunque hayas nacido como lobo o león, Cristo sabe cuáles son Sus ovejas y las llama por nombre. Al escuchar la voz de tu Pastor celestial, tu corazón se transforma en aquello que debes ser para la gloria de Dios. Recuerda que Moisés, aquel príncipe poderoso, después de escuchar la voz de su pastor celestial se convirtió en un hombre paciente y manso.

Es cierto que son muchos los que escuchan la Palabra de Dios, pero no todos muestran ser dóciles. Hay algunos que no parecen ovejas, pero en verdad lo son. Otros aún están lejos, pero van a ser unidos al resto del rebaño para alabar junto al pueblo de Dios. Hay ovejas del Señor en medio de las cabras, pero sabemos que al oír Su voz responderán a Su llamado. También es cierto que por momentos no todas las ovejas del Señor parecen comportarse como tales. Hay falta de humildad. Falta de obediencia. Falta de mansedumbre. Hay ovejas duras de oído que necesitan que el Pastor les hable en voz alta. Hay ovejas tozudas con las que debe emplear la vara. Hay ovejas perezosas que necesitan que el cayado las empuje. Hay ovejas que a veces imitan a las cabras subiendo a los lugares más escarpados de la montaña. Hay ovejas que no se comportan como ovejas, pero la voz del Pastor es más poderosa que su orgullo, más dulce que su dejadez y más tenaz que su obstinación. Aquellas que son suyas, acaban siendo alcanzadas de nuevo por Su gracia y transformadas por el poder de la Palabra de Dios.

Su voz marca la diferencia en tu vida y en la mía. Así nos concede Dios un don indescriptible. Aquellos que somos de Su rebaño sabemos pocas cosas, pero sabemos la más importante. Reconocemos Su voz y hacemos caso omiso a otras voces extrañas. Nuestro Buen Pastor nos *conoce*, y nosotros también lo *conocemos* a Él. «Yo soy el Buen Pastor; y conozco mis ovejas, y las mías me conocen», dice el Señor.[2] Oh, sí. El Señor se ha acercado a ti y te ha conocido. Su amor admirable te ha alcanzado y te ha hecho parte de Su rebaño. Pero ahora, gracias a Su amor infinito eres tú quien lo conoce a Él. Sus palabras se acercan a tus oídos. Escuchas Su voz y te deleitas. Te alegras en las Escrituras, encuentras paz en la oración, te gozas en las alabanzas, buscas intimidad con el Señor. Ahora que has sido conocido por Él, eres tú el que lo conoce, y por medio de Su Espíritu puedes llamarle *Abba Padre*. Ahora que Su voz te ha transformado deseas acercarte a Dios con calidez. No te resistas a Su dirección. Vigila que no haya en tu corazón rebeldía o tozudez. Que tu corazón sea manso como el de un cordero y endereces tus pasos siguiendo Su voz. Como oveja del Señor tu deleite es acercarte a tu Pastor. Busca con ternura cada día Su poder y Su guía. ¿Has oído Su voz? Síguela con humildad. No te apartes del camino ni un solo día. No te alejes nunca de Su dulce voz, porque solo en Sus palabras hay luz y hay vida.

Gracias, Señor, porque con tu voz estás creando algo nuevo en mí.

Confórtame, Señor

1. ¿Qué otras voces has seguido en el pasado y hacia dónde te llevaron? ¿Te siguen tentando a día de hoy?
2. ¿Cuándo escuchaste la voz del Señor por primera vez? ¿Qué efecto tuvo en ti?
3. ¿De qué manera Sus palabras siguen transformándote?
4. ¿Te acercas a Él? ¿De qué manera puedes ver que lo sigues?

---

2. Juan 10:14.

29

Yo te seguiré

Yo soy la luz del mundo;
el que me sigue, no andará en tinieblas,
sino que tendrá la luz de la vida.

Juan 8:12

Como dijera aquella tonada de Joan Manuel Serrat: «*Yo nací en el Mediterráneo*». Una de las bellezas de haberse criado a orillas del *Mare Magnum* es ver cómo las parábolas de Jesús cobran vida muchas veces ante tus ojos. En mi tierra, como en los paisajes de Israel, hay pastores con sus ovejas, lobos en las montañas, campos sembrados de trigo, parcelas cargadas de viñas y montes cubiertos de olivos. Uno de los símiles más hermosos que usó el Maestro fue el de la vid y sus racimos. Al contemplar un viñedo recuerdo que el Señor Jesús se compara a sí mismo con la vid verdadera de la que emana toda bendición. Él es la vid, y nosotros somos los pámpanos que dependen de Él para tener vida espiritual. Dios el Padre es el labrador que poda y limpia la vid para que lleve fruto abundante. Tú y yo necesitamos estar siempre unidos a Cristo, sabiendo que separados de Él no puede brillar en nuestra alma ninguna de Sus virtudes.

El énfasis es grande en las palabras del Maestro. Si no permanecemos en Él nos secamos por completo y no servimos para nada. Unidos a Él recibimos de la savia espiritual necesaria para tener vida y traer fruto en abundancia. En el terreno de la fe, de nada sirve tu esfuerzo ni las muchas capacidades personales que poseas. La vida se halla en Él. No en ti. El secreto de tu avance en la vida cristiana reside en la unión con Él, y el Señor nos exhorta a ti y a mí de forma enfática a ser constantes en la fe, permaneciendo en Su verdad. Observa cuántas veces en el mismo pasaje nos apela a permanecer:

> «*Permaneced* en mí, y yo en vosotros»; «Si *permanecéis* en mí, y mis palabras *permanecen* en vosotros, pedid todo lo que queréis, y os será hecho»; «*permaneced* en mi amor»; «os he puesto para que vayáis y llevéis fruto, y vuestro fruto *permanezca*» (Juan 15:4,7,9,16).

Permanecer, qué reto en una época en la que la gente abandona con demasiada facilidad todo lo que emprende. La ilusión se marchita rápidamente. Se enfría una amistad. Se rompe una relación. Se dejan los estudios. Se abandona un proyecto. Nuestra cultura se caracteriza por la inconstancia, y en la vida cristiana tampoco se logra nada sin el deseo de permanecer. Debemos permanecer en Cristo, como un racimo que pende de la vid y cada día crece bebiendo de su savia fresca. Permanecer en Su gozo. Permanecer en la oración. Permanecer en Sus palabras. Permanecer en Su amor. El cristiano no es alguien que una vez escuchó la voz del Maestro, y luego se olvidó de su sonido. No es un campesino que dejó un surco a medias. No es un atleta que entrenó dos días. Ser cristiano no es articular una sencilla oración, o levantar tu mano en un culto, o pasar al frente en un gran evento. Ser cristiano es depender de Cristo y seguir escuchando cada día la voz del Buen Pastor. Es permanecer en Él. No puedes vivir separado del Señor. Tal vez tu alma esté seca como una pasa porque has procurado caminar con tus propias fuerzas. Recuerda que Cristo es la cabeza y tú eres miembro de Su cuerpo. Él es la piedra angular y tú piedra viva en Su templo. Él es el rey y tú un súbdito de Su pueblo. Él es la vid y tú una rama que bebe de Su gracia. Él es el Pastor y tú una oveja de Su prado. ¿Acaso puede una oveja seguir a su pastor de lejos? ¿Puede sobrevivir si su amo no la protege durante el día? ¿Si de noche no la guarda en el redil? Si el Pastor te llama, responde a Su llamado. Síguelo cada día sabiendo que Él te lleva a verdes pastos. El viaje puede ser largo. Tal vez alguna oveja se quede atrás, pero al escuchar de nuevo la voz del pastor la rezagada acelera el paso y se une de nuevo a sus hermanas.

Así sucede contigo. Sabes que ser una oveja del Señor no se limita a una decisión puntual ni a la celebración de un bautismo. Ser cristiano no es cosa de un instante. Supone permanecer en Él y seguir Sus pisadas hasta el final de tus días. Jesús lo expresó de forma magistral al decir:

> Mis ovejas oyen mi voz, y yo las conozco, y *me siguen*, y yo les doy vida eterna; y no perecerán jamás, ni nadie las arrebatará de mi mano (Juan 10:27-28).

La oveja del Señor lo *sigue*, y el hecho de seguirlo muestra quién es una oveja del Señor. El creyente lo *sigue* porque reconoce Su voz en el momento de su conversión, y no se olvidará nunca de ella. Atiende a Su voz a lo largo del camino de la vida. La oveja del Señor ama la doctrina de Cristo, ama la Iglesia de Cristo, ama imitar a Cristo, ama hablar de Cristo y la mente de Cristo se va forjando en él de tal manera que sus sentidos se ejercitan en el discernimiento del bien y del mal, de lo mundano y lo celestial, de la verdad y de la mentira. El que es del Señor diferencia claramente los manjares del cielo de aquello que se ha cocido en las ollas del infierno. La oveja del Señor percibe de lejos la peste del azufre y el aroma del incienso.

La oveja del Señor percibe de lejos la peste del azufre y el aroma del incienso.

Oh, tal vez tú te sientas como una oveja rezagada. Sientes muy lejos de ti todo lo que estamos diciendo. Eres la última del rebaño y apenas ves a las demás mientras cae la noche. Solo oyes tus propios pasos y el aullido de los lobos en el silencio. Pero escucha bien. Deja de balar tan fuerte, y verás como aún resuena la voz del Pastor en la lejanía. Él no se ha apartado de ti. Eres tú que te has distanciado de Él. La separación no se crea en un solo día. Sabes que son muchos los pasos que no has dado para acabar tan lejos de tu Pastor. Cada tramo que te tardaste más de la cuenta te distanció de Él. Cada duda que te hizo demorar más tiempo te distanció de Él. Cada decisión equivocada por tu orgullo te distanció de Él. Cada vez que escuchaste a esos falsos maestros que inflaron tu mente te distanció de Él. Cada ocasión en que abriste tus oídos a la serpiente que te invitaba a seguir la senda del deleite. Cada oportunidad en que por rebeldía dejaste el camino de la verdad. Cada instante en que hiciste callar a los consejeros sabios. Cada circunstancia en que por pereza dejaste de ver a los hermanos. Cada momento que pasaste junto a tu polvorienta Biblia. Cada desprecio de la exhortación. Cada paso perdido por desidia. Cada capricho que llenó tu corazón, todo eso te alejó un poco más del Buen Pastor. Pero aún oyes Su llamado a lo lejos. ¡Levántate y anda! ¡Aligera el paso! ¡Sigue Su voz y ninguna otra! Aunque oigas el canto de mil sirenas que te reclaman y mil lobos que te acechan, no dejes de escuchar la voz del Buen Pastor que te guía y te sustenta. Borra de tu mente el deseo extraño de pausar tus andares quedando a merced del adversario. Sigue a paso firme la voz del Buen Pastor. Sé que aún la oyes. Dile de nuevo: «*te seguiré, Señor*».

Gracias, Señor, porque sé que no permitirás que deje de escuchar tu dulce voz.

Confórtame, Señor

1. ¿Eres inconstante en tu vida cristiana? ¿Sientes cómo te marchitas cuando no permaneces en el Señor?
2. ¿Qué otras voces te están queriendo alejar de tu Buen Pastor? ¿Cómo puedes hacerlas callar del todo?
3. ¿Cómo está tu vida de iglesia? ¿Y tu vida devocional? ¿Y tu vida de oración?
4. ¿Necesitas con urgencia acelerar el paso para unirte al rebaño?

30

Jesús es mi Pastor

Si yo estuve errante en lo alto de un monte,
y Jesús subió a la cima para tomarme,
y me puso sobre Sus hombros, y me llevó a casa,
no puedo atreverme a dudar si Él es mi pastor.[1]

Charles Spurgeon

El éxodo es una descripción asombrosa del poder de Dios pastoreando a Su pueblo. La historia de Israel produce una profunda confianza en el Pastor celestial. El Gran Yo Soy que llamó a Moisés desde la zarza ardiente es quien iluminó a Su pueblo como una columna de fuego. El Gran Yo Soy que transformó el agua en sangre es quien hizo que de la peña brotara agua. El Gran Yo Soy que envió a un príncipe a pastorear ovejas es quien usó a ese pastor para gobernar a Su pueblo. Moisés nunca estuvo solo en esta gran misión. El Señor era quien verdaderamente «hizo salir a su pueblo como ovejas, y los llevó por el desierto como un rebaño».[2]

1. Spurgeon, C. H., *Spurgeon's Sermons*, vol. 4 (Grand Rapids: Baker, 1999), 82.
2. Salmo 78:52.

Sin embargo, a pesar de tantas muestras de poder y firmeza, el corazón de los hebreos se llenó de temores a cada instante. Dios abrió las aguas del Mar Rojo ante ellos, pero temieron morir en las arenas del desierto. Dios trajo plagas hasta doblegar a Faraón, pero temieron al ver a los cananeos. A veces los temores pueden acecharnos con una fuerza arrolladora. Nuestro pequeño corazón fácilmente se tambalea, y un tsunami de dudas arrastra nuestros pensamientos haciendo que lo más evidente pierda su brillo. Los israelitas dudaron muchas veces del cuidado y protección de Dios. Pensaron que Jehová se había olvidado de ellos. Por miedo a desfallecer de hambre en el camino se atrevieron a añorar las cebollas de Egipto.

¿Te pasa igual? Dios ha hecho tanto por ti. Sus prodigios en tu vida son incontables, pero fácilmente te olvidas del pasado sombrío del que Dios te sacó. Temes que la oscuridad te rodee por completo, y no recuerdas Su provisión en los días de escasez. Las dudas llenan tu mente y parecen no dejar espacio para recordar lo dulce que es Su gracia. ¡Pero tú puedes recordar que los que confiamos en Cristo tenemos descanso! En el Señor tenemos puesta toda nuestra esperanza. ¡No dudes! ¡No temas! ¡No mires atrás! Aquel que la buena obra empezó en ti, la perfeccionará hasta el día de Jesucristo. Si el Buen Pastor fue a buscarte, y te encontró, y te tomó en Sus brazos, y te llevó al redil, nada ya podrá separarte de Su amor. Si eres de Él, andarás en valle de sombra de muerte sin perecer. Si eres de Él, sentirás Su vara y Su cayado dándote aliento. Si eres de Él, podrás pastar en verdes prados y descansar junto a aguas tranquilas. Ya no hay nada que temer, porque tu salvación está segura en Él. Estás en Sus brazos. Tu alma ha sido comprada, tu deuda saldada, tu futuro trazado. Jesús es tu Pastor porque «todos nosotros nos descarriamos como ovejas, cada cual se apartó por su camino; mas Jehová cargó en él el pecado de todos nosotros».[3]

Estás en Sus brazos. Tu alma ha sido comprada, tu deuda saldada, tu futuro trazado.

El que te sacó de la esclavitud espiritual te llevará hasta la ciudad santa. Tu Buen Pastor dijo con voz clara: «Mis ovejas oyen mi voz, y

3. Isaías 53:6.

yo las conozco, y me siguen, y yo les doy vida eterna; y no perecerán jamás, ni nadie las arrebatará de mi mano».[4] El pastor rescató a Sus ovejas, y su rescate es seguro porque entregó Su propia vida por ellas. El descanso de Sus corderos tuvo un alto precio. Nuestro Buen Pastor tuvo que sufrir el desprecio en la cruz para que tú y yo tuviéramos el descanso de Su cuidado. Él compró nuestra paz. Para Él la herida, para ti la vida.

Él es el Buen Pastor que protegiendo a Sus corderos sufrió el ataque de las fieras: «Me han rodeado muchos toros; fuertes toros de Basán me han cercado. Abrieron sobre mí su boca como león rapaz y rugiente».[5] Él es el Buen Pastor que sufrió sobre sí mismo el castigo físico: «Horadaron mis manos y mis pies. Contar puedo todos mis huesos; entre tanto, ellos me miran y me observan. Repartieron entre sí mis vestidos, y sobre mi ropa echaron suertes».[6] Él tuvo que exclamar: «Dios mío, Dios mío» para que tú pudieras afirmar: «El Señor es mi pastor». Él musitó: «Tengo sed» para que tú cantaras: «Junto a aguas de reposo me pastoreará». Él tuvo que rogar al Padre: «Aparta de mí esta copa» para que tú contento dijeras: «Mi copa está rebosando». Él alzó la voz preguntando: «¿Por qué me has desamparado?» para que tú entonaras con gozo: «El bien y la misericordia me seguirán todos los días de mi vida». ¿Lo ves? El pastor dio Su vida por Sus ovejas. No tengas en poco Su gracia. ¿Cómo vivirás ahora, si Él derramó Su sangre para borrar cada una de tus faltas?[7]

Jesús es tu Pastor. *Estate confiado*. Si eres una de Sus ovejas, Jesús te ha comprado. ¡Eres de Su propiedad y te conoce por nombre! Él conoce tus deseos, tus temores, tus recuerdos. Te conoce, mucho más de lo que crees que te conoces tú a ti mismo, y teniendo muy presentes tus flaquezas, con Su mano poderosa te toma y no te suelta.

Jesús es tu Pastor. *Estate atento*. Si eres una de Sus ovejas, Jesús te llama y tú lo oyes. El pastor llama a los suyos, y hay un momento en tu

---

4. Juan 10:27-28.
5. Salmo 22:12-13.
6. Salmo 22:16-18.
7. Salmo 22:1 y 23:1; Juan 19:28 y Salmo 23:2; Marcos 14:36 y Salmo 23:5; Mateo 27:46 y Salmo 23:6.

vida en el que escuchas la voz del Señor hablando a tu corazón. Oyes la voz de Jesús al leer la Palabra, al escuchar un sermón, al entonar un hermoso himno en el que Jesús te dice: «¡Sígueme!», a lo cual tú le respondes: «¡Aquí estoy, Señor!». Desde entonces Su voz te ha estado guiando. Sigue atento a Su llamado y que sea Su voz solamente la que guíe todos tus pasos.

Jesús es tu Pastor. *Estate firme*. Si eres una de Sus ovejas, lo sigues sin dudar. Las ovejas lo siguen, porque conocen Su voz. Su llamado es irresistible. Tú sabes que no hay nada más excelente, no hay nada más hermoso, no hay nada más grande que andar pisando Sus pisadas. Que tus oídos no se distraigan. Es fácil perderse en el bosque, caer en un hoyo, alejarse del redil. Sigue escuchando la voz del Señor cada día para que tu paso sea constante y tu alma siga protegida. Su voz es tu guía. Su voz es tu brújula. Su voz es tu vida.

Jesús es tu Pastor. *¡Estate contento!* Si eres una de Sus ovejas sabes que con Él hallarás pastos. ¿Qué más podrías desear? En verdad sabes que no deseas nada más, porque teniéndole a Él ya lo tienes todo. Tu vida está llena, tu alma satisfecha, tu corazón rebosante, tu esperanza completa. Tu gozo está cumplido en Él y no hay nada atractivo que el mundo te pueda ofrecer. Jesús dio Su vida por Sus ovejas. Que tu caminar refleje esa vida nueva. Exclama hoy lleno de gozo: «*Jesús* es mi Pastor; nada me faltará».

Gracias, Señor, porque tú disipas todas mis dudas con tu bondad.

Confórtame, Señor

1. ¿A veces dudas de la guía del Señor en tu vida? ¿Por qué?
2. ¿Qué muestras te ha dado de Su cuidado por ti?
3. ¿De qué manera el sacrificio de Jesús es la mayor evidencia de Su cuidado eterno?
4. ¿Al pensar en la cruz y en la entrega de Jesús, cuál debe de ser tu actitud como oveja del Señor?

31

Cordero de Dios

La salvación pertenece a nuestro Dios
que está sentado en el trono, y al Cordero.

Apocalipsis 7:10

Dos discípulos iban camino de Emaús, apenados por la muerte del Maestro. Mientras conversaban, el Señor resucitado se les une en el viaje, pero los discípulos no se dan cuenta de que se trata de Él. Haciendo como que no sabía de lo acontecido, deja que los dos discípulos le expliquen del pesar tan grande que tienen porque Jesús de Nazaret había sido entregado y crucificado. La esperanza de que Él hubiera sido el Mesías parecía marchitarse. Los ángeles anunciaron que se había levantado de entre los muertos, pero sus ojos no lo habían podido ver. A todo esto, el mismo Señor Jesús les empezó a explicar lo que las Escrituras decían sobre la vida, el ministerio, la muerte y la resurrección del Mesías.

> Y comenzando desde Moisés, y siguiendo por todos los profetas, les declaraba en todas las Escrituras lo que de él decían (Luc. 24:27).

Jesús les enseñó de qué manera todos los libros del Antiguo Testamento hablaban de Él mismo. En este pasaje encontramos la triple división que los hebreos hacían de los textos sagrados: *Moisés*, los *Profetas*, y las *Escrituras*. Qué hermoso sermón. Quién no hubiera querido estar ahí, caminando con ellos hacia Emaús, escuchando la voz del Maestro mientras enseñaba a Sus alumnos todo lo que la Palabra anunciaba con respecto a Él. Jesús es el hijo prometido a Eva. Jesús es la vara de Aarón reverdecida. Jesús es nuestro David que vence a nuestros enemigos. Jesús es más sabio que Salomón, más valiente que Josué, más justo que Job, más fuerte que Sansón. Jesús es el Templo indestructible, la peña que brota agua viva, el maná que cae del cielo. Toda la Biblia habla de Él, y llegando a los salmos, qué hermoso hubiera sido escuchar a Jesús adentrándose en el Salmo 23. Un salmo tan hermoso escrito para nuestro consuelo, pero al fin y al cabo, un salmo que habla del Cordero perfecto.

Si has leído un capítulo de este libro cada día, hemos caminado juntos durante un mes aplicando las grandes verdades de este salmo a tu corazón y al mío. Este salmo nos habla del cuidado de Dios por ti como cordero de Su rebaño, pero ante todo hemos de entender que Jesucristo es el centro de este salmo. Como aprendieron aquellos dos camino de Emaús, toda la Escritura nos habla de Jesús. Él es el Cordero de Dios que habló de Su Padre celestial con suma confianza. El Padre supliría todo lo que necesitara en Su andadura terrenal. Jesús no estuvo ansioso, sino que en todos Sus días halló pastos verdes y aguas de reposo. Su Padre celestial sabía de qué tenía necesidad. Caminó confiado sabiendo que el Padre velaba por Él y que no había sombra de duda en Su bondad. Su serenidad fue tan grande, que fue compartida. Él nos dejó Su paz. Una paz que el mundo no alcanza a comprender. Una paz que nos mostró mientras habitó entre nosotros. Él hizo recostar a los suyos sobre pastos verdes antes de llamarles bienaventurados. Él hizo calmar el mar encrespado para que vieran Su poder en Galilea. Aquel que dormía en medio de la tormenta adormecía al viento invitándonos a descansar en Su fuerza.

Jesús, el Cordero de Dios, fue sostenido en Su aflicción. En verdad Dios confortó Su alma, y con Su poder atravesó los momentos más dolorosos. En Getsemaní sudaba grandes gotas de sangre, y un ángel lo consolaba de parte del Padre. En todas Sus pruebas Jesús fue sostenido. Caminó hacia la cruz y descendió hasta el sepulcro, pero fue levantado de entre los muertos para ascender en gloria a los cielos. Jesús se encontró cara a cara con la muerte y sintió en Su carne su fría guadaña. Pero la muerte no lo pudo retener. El Cordero de Dios cruzó el valle más oscuro para dar muerte a la muerte y compartir Su victoria contigo y conmigo. Jesús es el Cordero de Dios, puro y limpio. Él es el Cordero que fue inmolado y cuya sangre nos lava de nuestras culpas. Nosotros somos ovejas de Su prado, y Él es el Cordero por excelencia. Al leer este salmo vemos aplicadas en Jesús todas las verdades eternas.

Jesús, el Cordero de Dios, anduvo por sendas de justicia por amor a Su nombre. No hubo engaño en Su boca. No hubo pecado ni maldad en Él. Sus caminos son todos rectos y es ligera la carga para aquellos que seguimos Sus pisadas. La vara de Su poder lo levantó de entre los muertos y con ella habrá de derrotar a todos Sus enemigos. El cayado de Su favor lo exaltó hasta lo sumo y toda rodilla confesará que Jesucristo es el Señor. Jesús ha sido exaltado, y habiendo triunfado está sentado a la diestra del Padre.

Jesús, el Cordero de Dios, vio Su mesa preparada en presencia de Sus enemigos. Mientras cenaba, los fariseos murmuraban en voz baja. Mientras cenaba, los judíos urdían planes para prenderlo. Mientras cenaba, extendió Su mano para dar el pan mojado a quien habría de venderlo. Jesús cenó en presencia de Sus angustiadores, y aun estando rodeado de enemigos el Padre velaba por Su Hijo. La bendición de Jehová estaba sobre Él. El Mesías es el ungido por excelencia, nuestro Sacerdote, Profeta y Rey. Su copa rebosa el favor de Dios y todas las riquezas del cielo son suyas.

Jesús, el Cordero de Dios, mora en la casa del Padre. La casa de Su Padre es Su hogar, y ha recibido de nuevo la gloria que tuvo antes de encarnarse. Cuando el Señor ascendió a los cielos dijo que iba a prepararnos un lugar para que allá donde Él estuviera nosotros también estuviéramos. En la casa del Padre muchas moradas hay. Los ángeles preparan ya tu habitación. Los santos disponen el banquete para poder celebrar juntos las bodas del Cordero. Tú también, por los méritos de Cristo, tienes allí un lugar.

El Salmo 23, como el resto de las Escrituras, se cumple maravillosamente en Cristo. Es a Él, a nuestro Señor Jesús, a quien el bien y la misericordia siguieron todos los días de Su jornada terrenal, y eternamente estará en la casa de Jehová. Este salmo habla de Jesús, y se cumple en Jesús, y es precisamente así como encuentras todo tu gozo cumplido. Recuerda que Él es la vid y nosotros los pámpanos. Recuerda que Él es la puerta por la que nosotros entramos. Recuerda que Él es el camino por el que marcas tus pasos. En Cristo tienes todas las riquezas espirituales y es en Cristo que puedes esconderte para recibir el favor de Dios. Te conviene que el Salmo 23 no hable tan solo de ti, sino sobre todo de Él. En Cristo cada estrofa es perfecta, cada verso es dulce, cada frase es cierta. Tú y yo permanecemos escondidos en Cristo y es por eso que podemos pronunciar este salmo sobre el favor de Dios. ¿Lo crees? Yo sé que así es como me trata mi Pastor celestial, no porque lo merezca de algún modo sino porque siguiendo al Cordero estaré siempre bajo Su cuidado perfecto. Anhela conmigo que llegue ya la eternidad, para que podamos contemplar juntos de qué manera todas Sus bondades brillan y hasta qué punto confortará tu alma.

Te conviene que el Salmo 23 no hable tan solo de ti, sino sobre todo de Él.

Ya no tendrán hambre ni sed, y el sol no caerá más sobre ellos ni calor alguno; porque el Cordero que está en medio del trono los pastoreará, y los guiará a fuentes de aguas de vida; y Dios enjugará toda lágrima de los ojos de ellos (Apoc. 7:16-17).

Gracias, Señor, porque sé que hoy en la tormenta puedo hallar calma,
y que esperando el consuelo eterno confortarás mi alma.

Confórtame, Señor

1. ¿De qué maneras el Salmo 23 habla de Jesús?
2. ¿Por qué puedes decir que este salmo también habla de ti?
3. ¿Qué significa que Jesús «enjugará toda lágrima»?
4. ¿Cómo será la eternidad con Él? ¿Qué pensamientos produce en ti meditar que el Cordero te pastoreará por siempre?

Soli Deo Gloria

Bibliografía

Anderson, Bernhard W., *Out of the depths: the psalms speak for us today* (Louisville: Westminster John Knox Press, 2000).

Agustín, *Exposition on the Book of Psalms*. Nicene and Post-Nicene Fathers, vol. 8 (Peabody: Hendrickson, 2004).

Baxter, Richard, *The Saints' Everlasting Rest*, abreviado por Benjamin Fawcett (Nueva York: American Tract Society, 1824).

Calvino, J., *Commentary on the book of Psalms*. Calvin's Commentaries, vol. IV (Grand Rapids: Baker Books, 2003).

Calvino, J., *Institución de la religión cristiana*, vol. I y II (Rijswijk: Feliré, 1994).

Henry, M., *Matthew Henry's Commentary*, vol. 3 (Nueva York: Revell).

Keil, C. F. & Delitzsch, F., *Commentary on the Old Testament in Ten Volumes*, vol. 5: Psalms (Grand Rapids: Eerdmans, 1986).

Keller, P., *A Shepherd Looks at Psalm 23. An Inspiring and Insightful Guide to One of the Best-loved Bible Passages* (Grand Rapids: Zondervan, 1970).

Spence, H. D. M. Rev. & Exell J. S. (editores), *The Pulpit Commentary*, vol. 8: The Psalms (Grand Rapids: Eerdmans, 1950).

Spurgeon, C. H., *The Treasury of David. Classic Reflections on the Wisdom of the* Psalms, vol. 1 (Peabody: Hendrickson).

Spurgeon, C. H., *Spurgeon's Sermons*, vol. 4 (Grand Rapids: Baker, 1999).

Tenney, M. C. (ed. gral.), *Pictorial Encyclopedia of the Bible,* vol. 3 H-L (Grand Rapids: Zondervan, 1976).

Wight, F. H., *Usos y costumbres de las tierras bíblicas* (Grand Rapids: Portavoz, 1981).